ELECTRIC LADYLAND

© John Perry, 2004
Esta versão foi publicada a partir do acordo com a Bloomsbury Publishing Plc.

John Perry

ELECTRIC LADYLAND

Tradução de
Julia Rónai

Cobogó

Para Maureen

SUMÁRIO

Sobre a coleção **O LIVRO DO DISCO**   7

Introdução   13

1. Instrumentação   19
2. Origens   27
3. Ao vivo   43
4. A capa   65
5. Faixa a faixa   71
6. Críticas   121
7. Consequências   125

Obras de referência   129

Sobre a coleção O **LIVRO DO DISCO**

Há, no Brasil, muitos livros dedicados à música popular, mas existe uma lacuna incompreensível de títulos dedicados exclusivamente aos nossos grandes discos de todos os tempos. Inspirados pela série norte-americana 33 $^1/_3$, da qual estamos publicando volumes essenciais, a coleção O Livro do Disco traz para o público brasileiro textos sobre álbuns que causaram impacto e que de alguma maneira foram cruciais na vida de muita gente. E na nossa também.

Os discos que escolhemos privilegiam o abalo sísmico e o estrondo, mesmo que silencioso, que cada obra causou e segue causando no cenário da música, em seu tempo ou de forma retrospectiva, e não deixam de representar uma visão (uma escuta) dos seus organizadores. Os álbuns selecionados, para nós, são incontornáveis em qualquer mergulho mais fundo na cultura brasileira. E o mesmo critério se aplica aos estrangeiros: discos que, de uma maneira ou de outra, quebraram barreiras, abriram novas searas, definiram paradigmas — dos mais conhecidos aos mais obscuros, o importante é a representatividade e a força do seu impacto na música. E em nós! Desse modo, os autores da coleção são das mais diferentes formações e gerações, escrevendo livremente sobre álbuns que têm relação íntima com sua biografia ou seu interesse por música.

O Livro do Disco é para os fãs de música, mas é também para aqueles que querem ter um contato mais aprofundado, porém acessível, com a história, o contexto e os personagens ao redor de obras históricas.

Pouse os olhos no texto como uma agulha no vinil (um cabeçote na fita ou um feixe de laser no CD) e deixe tocar no volume máximo.

Este livro foi escrito, em sua maior parte, a partir das minhas próprias memórias e conversas com Jack Bruce, Steve Cropper, Kathy Etchingham, Jerry Garcia, Robert Hunter, Roger Mayer, Mitch Mitchell, Carol Price e uma ou duas pessoas que testemunharam aquela época. Meu muito obrigado a todos eles.

Para escrever um livro como este, a solidão foi essencial. Por terem me deixado frequentar casas tão remotas quanto a de Russian River e tão próximas quanto a de Norfolk, sou grato a Maureen e Robert Hunter e a Nick Saloman.

Como sempre, a British Newspaper Library [Biblioteca Britânica de Jornais], em Colindale, me ofereceu recursos valiosos.

Muitos amigos ajudaram com fitas, CDs e conselhos. Meu muito obrigado a Ed Hanel, Clinton Heylin e Stephanie Zacharek; a Manny Vardavas pelas gravações raras e a David Barker, da Continuum, por sua paciência.

Um obrigado especial a meus pais.

Londres, novembro de 2003.

Introdução

"O caos, em uma obra de arte, deve brilhar através do véu da ordem."

— NOVALIS

"Bla, bla, au au"

— JIMI HENDRIX, Monterey, 1967

A carreira fonográfica de Jimi Hendrix durou menos de quatro anos. Se a carreira de Bob Dylan tivesse sido igualmente curta, ela teria terminado com *Highway 61 Revisited*, de 1965; não haveria *Blonde on Blonde* nem *John Wesley Harding*. Não haveria *Blood on the Tracks*. Os Beatles teriam parado no álbum *Revolver* e a carreira dos Stones teria se dissipado após o fracasso de 1967, deixando *Aftermath* como uma despedida. Portanto, parece quase tolo falar de grandes marcos em uma carreira tão curta quanto a de Jimi — entretanto esses marcos existem, e entre eles destaca-se seu terceiro álbum de estúdio, *Electric Ladyland*.

Com esse disco ele atingiu uma total maturidade artística, crescendo para além das expectativas e do controle de seus produtores e agentes, e emergindo como um músico e compositor totalmente capaz de dirigir cada estágio do processo de gravação, das primeiras demos até a mixagem final. E ele estava ciente de suas habilidades, certificando-se de que nos créditos de *Electric Ladyland* fosse lido "produzido e dirigido por Jimi Hendrix".

Quando começaram as gravações em abril de 1968, Hendrix se viu em uma situação inédita. Pela primeira vez, dinheiro não era mais problema. O relógio do estúdio podia ser ignorado e as sessões de gravação podiam durar o tempo que as músicas pedissem. Pela primeira vez ele tinha recursos suficientes para permitir que a ordem emergisse do caos. A visão de Chas Chandler de um "Hendrix pronto para turnê" foi logo jogada pela janela, e o próprio Chas, frustrado pelo ritmo de trabalho e tentando criar singles de três minutos a partir de sessões de três horas, não tardaria em seguir o mesmo caminho.

Álbuns que demoram séculos para serem gravados, com músicas escritas no estúdio ou arranjadas a partir de improvisos intermináveis, em geral ficam péssimos. A falta de disciplina ou a falta de canções costumam ser o problema. Os discos anteriores de Hendrix tinham sido gravados rapidamente; em parte por necessidade, com Chas penhorando seus próprios instrumentos para pagar pelas sessões de gravação, mas também por convicção, já que ele acreditava que sessões prolongadas resultavam em discos obsoletos.[1]

Anos mais tarde, depois que seu experimento *Band of Gypsys* naufragou e deixou Jimi à deriva em um mar de liberdade

---

[1] Sempre que o processo de gravação parecia se arrastar, Chas repetia o seu mantra: "Olha, 'House of the Rising Sun' nos levou cinco minutos para gravar e foi número um ao redor do mundo." Isso foi repetido tantas vezes que se tornou uma piada interna entre os membros do The Experience.

excessiva, a abordagem disciplinada de Chas Chandler seria mais uma vez necessária. Mas em meados de 1968, tudo de que Hendrix precisava era *espaço*. Ele estava com a corda toda. No início de seu sucesso internacional, desfrutando uma volta triunfante a sua cidade "adotada", Nova York, sua autoestima estava no ápice, um nível, aliás, que nunca atingiria novamente. Jimi tinha canções, e tinha também uma visão — ideias de sons totalmente novos, extensas composições e arranjos de tal complexidade que só poderiam ser realizados em longas sessões de estúdio.

As técnicas musicais que Jimi havia desenvolvido em turnê precisavam ser refinadas e testadas no estúdio. Conhecendo muito pouco das técnicas formais de engenharia sonora de gravação, Hendrix também teve que aprender a usar a mesa de som. Os engenheiros que trabalharam em *Electric Ladyland* falam de sessões de mixagem de dez horas, nas quais o rumo parecia ter sido perdido, mas quando se ouvia a mixagem final, ficava evidente que Hendrix tinha trabalhado o tempo todo seguindo uma meta claramente definida.

A mesma clareza era evidente nos overdubs[2] vocais e de guitarra. Hendrix sobrepunha vozes que desafiavam a teoria musical convencional. Combinações de notas que a rigor soariam horríveis juntas alinhavam-se estranhamente na mixagem, soando maravilhosas. O engenheiro principal Eddie Kramer demonstrou esse processo para o cineasta Roger Pomphrey, destrinchando a faixa "Long Hot Summer Night". Um a um, Kramer foi diminuindo os faders[3] até que nada mais restasse além de

---

[2] Overdub é uma técnica usada para gravar sons que serão sobrepostos uns aos outros em mixagem. [N.T.]

[3] *Fade* significa desvanecer, perder intensidade. O fader é o controle que aumenta ou diminui gradualmente o volume de um som. [N.T.]

várias faixas de voz de Hendrix em falsete — um coral gospel de Jimi a capella (cantando notas muito estranhas, diga-se de passagem). Mas quando Kramer suavemente colocou a base instrumental de volta sob aquelas vozes, foi possível ouvir o que Hendrix tinha em mente: espaços fora do comum e ângulos oblíquos que ninguém jamais teria notado.[4]

Mas se a ordem era estabelecida a partir do caos dentro do estúdio, o oposto estava acontecendo do lado de fora. Enquanto *Ladyland* tomava forma e a carreira de Hendrix tornava-se verdadeiramente internacional, seus negócios começavam a ficar cada vez mais confusos. Hendrix era perfeitamente apto a lidar com o caos musical: suas habilidades, seus instintos e todo o seu treinamento eram tais que ele vivenciava esse caos como liberdade. Como um músico do improviso, ele achava que ter muitas restrições era um tédio, e que não precisava ensaiar tanto, pois sabia que podia criar seu melhor trabalho a partir do nada. Sem o menor interesse pelo *business*, preferia deixar os detalhes para seu agente — uma atitude tão comum no ramo da música nos anos 1960 que não existe praticamente nenhuma banda dessa época que não tenha sido roubada.

Nesse clima, a não ser que tivesse pessoas competentes cuidando dos seus interesses, você estava ferrado. Jimi falhou em não reconhecer a tempo a única pessoa que era dedicada a ele — Chas —, e, de meados de 1968 em diante, as coisas começaram lentamente a sair de controle. A empresa que supostamente administrava sua carreira e seu bem-estar pessoal, parecia, para quem olhasse de fora, viver um grande conflito entre ganância e conivência — uma situação que pode ter

---

[4] Para um bom exemplo, ouça "Long Hot Summer Night", por volta da marcação de 2'20".

apressado sua morte precoce e comprovadamente teve apenas um beneficiado: não o próprio Hendrix, mas o seu gerente de negócios, Mike Jeffrey.

As mesmas experimentações e liberdades que produziram uma música de tal originalidade eram uma ameaça direta à eficiência do trio enquanto máquina de fazer dinheiro. Se Jimi, como muitos músicos, tinha uma vez imaginado que ter liberdade significava ter dinheiro suficiente para poder se concentrar somente na música, ele logo se deu conta de que não era bem assim. Jimi é um exemplo clássico do músico cujos problemas apenas se intensificaram quando sua carreira decolou. As sessões de *Electric Ladyland* eram frequentemente interrompidas por shows em lugares distantes; quando ele reclamava, seu escritório dizia que as contas do estúdio precisavam ser pagas e que seu perfil tinha de ser mantido. Quando, mais tarde, ele buscou economizar dinheiro construindo seu próprio estúdio (reduzindo dessa forma as contas exorbitantes de estúdios independentes que cobravam por hora), os custos de construção cresceram loucamente. Em vez de, como os Beatles, poder dedicar-se a compor no estúdio, ele foi forçado a pegar a estrada para fazer lucrativos shows de uma noite só, para pagar pela construção do estúdio. E, mesmo assim, o dinheiro parecia ir menos para os projetos de Jimi e mais para empresários de fachada.

Depois da partida de Chas, Jimi nunca mais pode gôzar do luxo de uma administração complacente. O resultado para Hendrix foi frustração e depois depressão, mas falar nisso agora seria avançar na história. Quando ele começou a trabalhar em *Electric Ladyland* as coisas pareciam bem. Havia discordâncias na banda, mas se Noel estivesse insatisfeito, Jimi tocava ele mesmo as partes do baixo. Não se importava com isso. Trabalhando com os novos gravadores multicanais, ele podia adicionar e subtrair partes como nunca antes. No ápice dos seus poderes, com a confiança nas alturas, ele tinha a vida pela frente. Naquele estágio tudo devia parecer possível.

1. Instrumentação

Quando você colocar para tocar *Electric Ladyland* e ouvir aquele som grandioso e rico, lembre-se de que a banda que chegou ao Record Plant, em Nova York, era apenas um trio. (Nem mesmo isso, na verdade: Mitch conta como Hendrix gravou várias músicas apenas acompanhado pela bateria, efetivamente um duo). *Electric Ladyland* marcaria o fim da gravação simples em trio, um formato no qual Hendrix era o único que criava melodias.

Os dois álbuns anteriores, feitos em Londres, *Are You Experienced* e *Axis: Bold as Love*, tinham sido gravados com a mais enxuta das configurações — a formação de guitarra, baixo e bateria —, em parte por razões econômicas, mas também por motivos estéticos. O que se ouve nesses discos é o trio tocando ao vivo com talvez mais uma guitarra gravada por cima, além dos vocais. Comparando as versões das canções ao vivo e de estúdio, os arranjos são idênticos.

As primeiras gravações mostram Jimi tirando o máximo proveito da liberdade e do espaço que a formação de três músicos oferece. Juntamente com o Cream, Hendrix foi pioneiro do chamado power trio,[5] uma configuração que se apoiava na des-

---

[5] Termo em inglês usado também no Brasil para designar a formação de rock de guitarra, baixo e bateria. [N.T.]

treza do guitarrista principal para tocar sem a segurança de uma segunda guitarra ou de um teclado fazendo a base. O problema vinha justamente quando o guitarrista deixava de fazer a base para tocar o solo. Em volumes mais baixos, e especialmente com guitarristas que não eram tão bons, um problema se apresentava: como impedir que o solo ficasse fraco? Entre as bandas de rock inglesas, o primeiro a realmente resolver este problema foi Mike Green, o guitarrista do Johnny Kidd and The Pirates, a grande influência de Pete Townshend. Assim como o The Who, Kidd and The Pirates foi essencialmente um power trio, com um cantor à frente. No início dos anos 1960, antes da época dos grandes amplificadores Marshall, Green inventou uma variedade de truques, construindo solos a partir de acordes arpejados e do tipo de execução em cordas duplas, encontrados nos breaks de Chuck Berry. Hendrix usou todas essas técnicas, mas ele as expandiu para além da batida de R&B de Bo Diddley que Green preferia. Ele também tratou essa questão de um modo diferente, usando acordes completos apenas pontualmente. Se ouvido com atenção, muito do que Hendrix toca por trás dos vocais é um tipo de acompanhamento constante, combinando acordes com linhas melódicas, alternando constantemente entre eles, em uma abordagem polifônica à guitarra principal. Compare o arranjo convencional de Clapton para "Little Wing", que usa sequências de acordes, com o original de Hendrix.

O formato pequeno de banda, com três instrumentos, se encaixava perfeitamente na versão pop-rock do The Jimi Hendrix Experience. Experimentos subsequentes, depois de *Electric Ladyland*, mostraram que formações maiores traziam seus próprios problemas, e, especialmente quando tocavam ao vivo, Hendrix se irritava tanto com as (diferentes) limitações de uma banda grande quanto havia se irritado com as restrições de ter apenas três músicos. Independentemente do que sentia em relação ao som de estúdio, quando se tratava de tocar ao vivo, o que ele mais valorizava era a flexibilidade.

Se *Are You Experienced* e *Axis: Bold As Love* apresentavam um retrato perfeito do The Experience no palco, *Electric Ladyland* foi concebido com um espírito diferente. Na esteira de *Sergeant Pepper* e de *Pet Sounds*, todo mundo (exceto Dylan) começou a ver o palco e o estúdio como dois universos inteiramente diferentes. Nesse novo modelo, o estúdio era o lugar onde você criava sons inovadores impossíveis de serem alcançados no palco. Meramente reproduzir o seu som ao vivo em estúdio era considerado um uso equivocado e sem imaginação da nova tecnologia, e o estúdio passou a ser visto como o ambiente criativo mais importante, o lugar onde o verdadeiro trabalho era feito.[6]

É possível argumentar, retrospectivamente, que as limitações das primeiras gravações de Jimi impuseram uma disciplina útil — certamente existem aqueles que preferem os dois primeiros álbuns a *Electric Ladyland* —, mas dado o espírito daqueles

---

[6] Esse abismo criado entre a música executada ao vivo e a gravação de estúdio acabou tendo as mais terríveis consequências para a música popular. Criou um desequilíbrio entre artistas e produtores, colocando poder demais nas mãos dos técnicos. Como uma consequência direta, a boa composição se tornou secundária em relação à boa produção. Dentro das bandas, o equilíbrio entre os músicos foi prejudicado, permitindo aos egomaníacos espaço para gravar várias vezes numa mesma faixa, *ad infinitum*, e ter um som limpo, assim como uma distinção clara dos sons, tornou-se mais importante do que a mais pura (e milagrosa) das qualidades musicais — tocar bem em grupo. Na raiz de quase todas as subsequentes revoluções musicais, do punk ao new folk, está a reação contra essa separação entre a música "produzida" de estúdio e a execução ao vivo.

tempos e os então recentes avanços na tecnologia de gravação, um compositor ambicioso como Hendrix não poderia ter trilhado qualquer outro caminho.

Uma repentina popularização da gravação em vários canais aconteceu justamente quando *Electric Ladyland* estava em produção. Durante anos os estúdios tinham trabalhado com dois canais (o equivalente a um gravador estéreo de fita do tipo doméstico comum, ou um aparelho de fita cassete). O próximo passo foi juntar um par de gravadores de dois canais, e então, em questão de meses, máquinas de quatro canais deram lugar a máquinas de oito, 12, e depois, 16 canais.[7]

Nas primeiras gravações de *Electric Ladyland*, as bases instrumentais foram feitas em quatro canais no Olympic, em Londres, em dezembro de 1967. O Record Plant, em Nova York, tinha uma rara máquina de 12 canais. E quando Jimi voltou a trabalhar lá, em abril de 1968, as fitas de quatro canais evoluíram para 12 canais (as fontes variam em relação a quais músicas ainda foram depois transferidas para 16 canais; Eddie Kramer diz que "All Along the Watchtower" foi de quatro para 12 e depois para 16, mas Hendrix parece ter certeza de que ele trabalhou em 12 canais).

Jimi certamente se manteve a par das mudanças na tecnologia de gravação — seu próprio estúdio, Electric Ladyland, na 8th St., seria equipado com o mais avançado equipamento disponível —, mas não era um entusiasta cego. Ao falar com a revista *Beat Instrumental*, ele mostrava estar ciente das armadilhas, assim como dos benefícios da tecnologia:

---

[7] Hoje, gravações digitais oferecem 256 (ou mais) canais, mas alguns entendidos do som analógico ainda consideram que gravações em oito canais (distribuídos por uma fita) resultam em um som mais rico e quente.

Quem precisa de 16 canais? Você precisa de apenas quatro, na verdade. Depende de que tipo de música você curte... Só de vez em quando a gente precisa de mais [canais], como em algumas das coisas que fizemos no novo LP [*Electric Ladyland*]. Eu chamo de música de expressão. Não foi tudo colocado de qualquer jeito; cada pequeno detalhe que você ouve significa alguma coisa.

Jimi teria imediatamente entendido o potencial das novas máquinas para sua música. De uma forma que nunca tinha sido possível antes, a mesa de mixagem podia agora ser tocada quase como um instrumento, e Jimi queria pôr as mãos nos faders. Como um músico e compositor que estava pensando cada vez mais em termos de paisagens sonoras mais amplas (ao contrário de apenas dominar seu instrumento e escrever simples músicas de R&B), ele tinha sido constantemente restringido pelas limitações tonais e harmônicas de um trabalho em estúdio pequeno.

Como os álbuns iniciais dos Beatles demonstram, era tecnicamente possível sobrepor camadas de gravações em quatro, ou até em dois canais, usando um método conhecido como pingue-pongue, mas havia limitações. A cada novo take adicionado, a qualidade geral piorava.[8] Além disso, uma vez que se gravava um take por cima do outro não era mais possível remixar. Trabalhar com 12 ou mais canais oferecia o tipo de flexibilidade com a qual um perfeccionista como Jimi sonhava

---

[8] O pingue-pongue é uma ideia muito simples. Toca-se na máquina a fita mestra já gravada e, enquanto isso, se executa uma nova parte, gravando essa junção em uma máquina com uma segunda fita. Mas, ao contrário de uma mesa com vários canais propriamente ditos, o equilíbrio entre esses dois elementos não pode ser ajustado depois de feito. E também há um limite para o número de vezes que você pode fazer isso.

— ainda que precisar escolher entre seis ou sete overdubs de guitarra praticamente perfeitos fizesse com que o engenheiro de som Eddie Kramer tivesse pesadelos.

Jimi sempre foi bom em controlar canais. Ele tinha impressionado os engenheiros do Olympic montando, de trás para a frente, partes de guitarra que imediatamente se encaixavam nas músicas. Então ele podia planejar a interação entre várias guitarras, ou não planejar, simplesmente gravando meia dúzia de vezes e vendo de quais ele mais gostava. Podia apagar as linhas de baixo de Noel e substituí-las por partes mais criativas inventadas por ele mesmo. E com canais de sobra — mesmo depois de cada instrumento ter ganhado um canal próprio —, podia-se colocar eco nos canais, movendo-os da esquerda para a direita: ecos modulados, que cruzam o espaço sonoro, são um efeito recorrente no álbum.

Ele também queria acrescentar outros músicos para criar texturas mais diversas. *Electric Ladyland* conta com trompas, teclados, flautas, percussão e vocalistas extras preenchendo o ambiente sonoro. Pela primeira vez também se juntou a Hendrix um instrumentista que tinha tanta facilidade quanto ele: o sublime Stevie Winwood, tocando um órgão Hammond.

Jimi sabia que ter mais músicos era mais importante do que ter apenas muitos canais de gravação. Se ele não sabia disso de antemão, rapidamente aprenderia que gravar por cima de seu próprio som *ad infinitum* nem sempre funcionaria. Mesmo que alguém seja capaz de tocar dezenas de instrumentos e fazer vários overdubs até que todos os canais estejam completos, não vai atingir o nível de profundidade ou escopo sonoro que ocorre naturalmente quando mais músicos tocam. Uma gravação nem sempre dá certo devido à presença de muitos instrumentos, mas sim pela interação de vários instrumentistas. A faixa ganha corpo com a soma de tempos levemente diferentes e com as variadas formas de ouvir que diferentes músicos trazem para a sessão, já que cada um vai tocar mesmo a frase mais simples de uma maneira ligeiramente diferente. Em contraste com isso, quando uma mesma pessoa toca em 12 ou 16 canais (independentemente do instrumento), o que se ouve soa como uma tropa marchando junto — pode ser legal, mas ainda soa como uma infantaria.

Com as frequentes ausências de Noel, é impossível não especular se *Electric Ladyland* poderia ter sido melhor caso tivesse contado com um baixista regular que pudesse tocar com a mesma mistura de estranheza e controle que a gravação do próprio Jimi tocando baixo deu a faixas como "All Along the Watchtower". Isso nunca aconteceu. Jack Cassidy era uma figura interessante, mas sua forma de tocar tinha raízes em uma sensibilidade singular, tendo vindo da Costa Oeste (ele está ótimo em "Voodoo Chile", mas o estilo de Hendrix em "Watchtower", influenciado por Jamie Jamerson, já é uma outra coisa).

Os próximos experimentos de Jimi com Billy Cox nunca resultaram em nada de revolucionário. No mundo da música negra, que talvez tenha sido a influência mais forte para Jimi, sua música era considerada branca demais, rock demais. Talvez sua mania de dirigir os baixistas, em relação ao que tocar, tenha sido um obstáculo para o recrutamento de instrumentistas. Músicos bem-sucedidos como Jack Bruce nunca teriam tolerado isso, e provavelmente ele teria sido um músico complexo demais. Um baterista como Mitch certamente teria feito aflorar o lado mais jazz de Jack.

Portanto, *Electric Ladyland* marcou várias estreias na carreira de Hendrix. Foi o primeiro álbum que ele mesmo produziu e o primeiro álbum do The Experience a ser feito fora de Londres.

Gravado no Record Plant, em Nova York, cidade natal de Jimi, esse foi seu primeiro álbum verdadeiramente "americano", e o primeiro produto da sua súbita ascensão ao estrelato produzido de modo (relativamente) despreocupado. Sem Chas na mesa de som e com Noel Redding frequentemente ausente, esse pode até mesmo ser considerado o primeiro trabalho solo de Hendrix.

2. Origens

Décadas já se passaram desde o lançamento de *Electric Ladyland*, mas Hendrix ainda é imensamente admirado, mesmo entre aqueles que nasceram depois de sua morte. Sua música é muito clara, mas a história se tornou confusa. Dos dois lados do Atlântico conheci jovens fãs que pensavam que Hendrix era inglês. O lugar de Jimi na música pop atual parece seguro, mesmo com a morte do grupo de pessoas que o acompanharam em sua época. Seus dois agentes, Chas Chandler e Mike Jeffrey, estão mortos; da banda original só resta Mitch Mitchell, já que Noel Redding morreu enquanto este livro estava sendo escrito. Em uma carreira tão curta quanto a de Jimi, é útil estabelecer uma cronologia e localizar o álbum em seu contexto histórico.

Hendrix teve sua primeira grande chance na Inglaterra, e ela aconteceu rapidamente. Ele chegou de Nova York no final de setembro de 1966 e imediatamente começou a tocar em casas de show. Em sete dias estava no palco com o Cream, na Central London Polytechnic. Isso é rápido para qualquer parâmetro — é só comparar com os anos que ele passou sem conseguir nada em Greenwich Village.

Na Inglaterra, o seu exotismo era uma vantagem, o que não acontecia no Village, e menos ainda no Harlem, onde as pessoas o consideravam uma aberração, se é que o consideravam alguma coisa. É fácil imaginar quão bizarra era sua figura no Harlem em 1964-65. Seus amigos que viviam na parte mais chique da cidade não tinham nenhum interesse pelo que estava acontecendo em Greenwich Village, pelo novo rock inglês ou por Bob Dylan, e pensavam que Hendrix era fraco demais para se dar bem em um ambiente tão duro e tão fechado em sua identidade e estilo quanto o R&B americano.

Na Inglaterra, assim como tinha sido no Harlem, o caminho de Hendrix teria sido muito mais difícil sem as mulheres e os fã-clubes. Depois de sua breve passagem pelo Exército, não parece haver praticamente nenhum ponto de sua carreira em que não estivesse cercado de um grupo leal de amigas mulheres dispostas a hospedá-lo, alimentá-lo e ajudá-lo com dinheiro e contatos. É claro que ele era um rapaz charmoso, e sua timidez, além da maneira calma de falar, lhe davam um ar muito sedutor. Das mulheres com quem conversei, que o conheceram em Londres, todas disseram que ele era louco por garotas. "Garotas eram a parada do Jimi", disse uma delas, "ele estava sempre envolvido com alguma".[9]

A primeira de suas apoiadoras inglesas apareceu enquanto ele ainda estava em Greenwich Village. Naquela época, no início de 1966, Linda Keith era a namorada de Keith Richards. Tendo ficado em Nova York enquanto os Stones estavam na estrada, Linda reparou em Hendrix — ou "Jimmy James" — tocando no Village e tentou conseguir um agente para ele. Ela o convidou

---

[9] Não tenho nenhuma prova de que músicos sejam mais libidinosos do que qualquer outro grupo de homens jovens — a questão é que eles certamente desfrutam um maior acesso às mulheres. Mas minha amiga não estava apenas apontando uma obviedade, e sim comparando os gostos de Jimi àqueles de outros músicos de seu círculo, que incluía os Stones, o Cream, Arthur Lee e outros músicos famosos.

para ficar em sua suíte no hotel Drake e deu a ele uma guitarra decente para substituir aquela que ele havia penhorado. Linda foi a primeira a botar uma Fender Stratocaster nas mãos de Jimi e, quer ela tenha comprado uma, quer simplesmente tenha dado a ele uma das que Keith tinha deixado jogadas num canto do hotel, ela merece o nosso muito obrigado. Hendrix e a Stratocaster foram feitos um para o outro.

Segundo o que conta Andrew Oldham, o agente dos Stones, Linda estava fumando muita maconha e ficando um pouco entediada com Keith, que, naquele ponto de sua vida, estava supercareta. Ela tentou convencer Oldham a agenciar Hendrix, mas a cabeça dele estava em outro lugar. No mínimo devia estar pensando no que o imprevisível guitarrista poderia fazer com Jimi quando descobrisse que ele estava andando por Nova York com Linda. De toda forma, de acordo com o que disse mais tarde ao escritor da NME Keith Altham, Oldham achava que "guitarristas nunca faziam sucesso". É difícil saber o que parece menos verossímil hoje em dia — um mundo sem guitarristas famosos ou um Keith Richards careta.

Linda teve mais sorte na sua segunda tentativa. Chas Chandler estava terminando sua turnê de despedida como baixista do The Animals e queria tornar-se agente. Ele viu o potencial de Hendrix de cara. Na verdade, a única coisa que ele não conseguia compreender era por que Hendrix já não tinha um contrato assinado com um agente ou com uma grande gravadora. "Como pode alguém tão bom não ter assinado ainda com ninguém?", ele se perguntava. "Qual é a jogada?"

Chandler correu por todos os lados usando o pouco dinheiro que tinha para comprar de volta contratos que Hendrix lembrava ter assinado, mas eles eram inevitavelmente muitos, e espalhados demais para que o agente pudesse reaver todos.

Chandler quase conseguiu: ele não tinha assinado com qualquer grande gravadora ou agente com o nome de "Jimi Hendrix", mas entre os papéis que assinara tinha um que ele esqueceu de mencionar: um acordo de três anos com Ed Chalpin na PPX, datado de 15 de outubro de 1965.

Dada a atitude de Hendrix de antes de 1967 em relação a contratos (que era tudo menos atípica naquele mundo), é surpreendente que ele só tenha esquecido um acordo. Como seus amigos observaram, ele assinava qualquer coisa que qualquer pessoa colocasse na sua frente — desde que lhe oferecessem cinquenta dólares e uma caneta. Isso se devia menos a uma falha de Hendrix do que ao status que músicos negros tinham no meio empresarial da música nos Estados Unidos; músicos em geral valiam muito pouco, mas ninguém valia menos do que os músicos negros na América dos anos 1960.

Uma vez que havia se tornado o primeiro artista negro a alcançar o topo das paradas dos músicos de rock (brancos), Jimi estava totalmente vulnerável à exploração vinda do seu passado. Durante aquele tempo de ralação, ele via pouca diferença entre assinar um recibo de pagamento e um recibo que cedesse direitos sobre a sua carreira subsequente.

Dadas as condições que prevaleciam na indústria da música nos anos 1960, poucos músicos negros percebiam essa diferença. Não tinha por quê. Aceitava-se qualquer trabalho que fosse oferecido por uma gama de pequenos agentes; a oferta de alguns dólares em dinheiro era muito tentadora para que se perdesse tempo lendo letras miúdas. Os mais espertos aceitavam o dinheiro e assinavam com o nome de Mickey Mouse — e em outros momentos nem se davam ao trabalho, já que o controle parecia ser obviamente do empregador e esse esquema parecia tão fixo quanto pedra. Para alguns isso poderia soar pessimista demais, para outros seria apenas encarar a realidade. Chandler, como a maioria dos turistas ingleses, não se deu conta da profundidade e da natureza enraizada do racismo americano. Só um tolo poderia não ver suas manifestações superficiais, mas a maioria dos europeus precisava de tempo para entender que na América o preconceito era *estrutural*. É claro que o racismo também está presente na Inglaterra, mas é menos sistematizado. Tendo feito o seu melhor, Chandler voltou com seu protegido para a Inglaterra. E "Jimmy James" tornou-se Jimi Hendrix.

Naquela época, a cena rock de Londres era minúscula. Como um ex-integrante do The Animals, Chas conhecia todo mundo. Suas conexões ajudaram a acelerar o crescimento de Jimi, mas havia outra força em jogo, espontânea, subterrânea e impossível de controlar; talvez a coisa mais poderosa que um artista pode ter a seu favor: o boca a boca. Boatos sobre o extraordinário novato se espalharam rapidamente pela cidade, e foram crescendo até virarem um grande burburinho. É claro que os músicos espalharam a novidade, mas a rede mais forte foi, mais uma vez, a das mulheres. Em seu primeiro dia na Inglaterra, Jimi conheceu Kathy Etchingham, que, junto com sua amiga Angie (mulher de Eric Burdon, do The Animals) tornou-se a primeira apoiadora de Hendrix na Inglaterra. (Kathy também se tornou a namorada inglesa de Jimi por muito tempo.) No Speakeasy and the Scotch, no Bag of Nails e também no Blaises — os lugares que fervilhavam na noite e onde todos se encontravam —, elas divulgaram esse guitarrista lindo e cheio de charme. Jimi conquistou a Inglaterra em uma semana. Tudo o que se seguiu foi só a consolidação dessa conquista, à medida que seu círculo de relações se ampliava.

Hendrix era muito bom em administrar as relações conflituosas que surgiam com esse tipo de grupos de apoiadoras. De fato, parece ter havido mais ciúmes e sentimentos ruins entre as estrelas do rock inglês do sexo masculino daquela época, especialmente entre — não de todo surpreendentemente — os guitarristas.

Dois dos heróis guitarristas que reinavam em Londres, Townshend e Clapton, foram avisados por um terceiro, Jeff Beck, de que um cara novo estava na cidade. Depois de ver Jimi no clube Blaises, Townshend sentiu que alguns dos seus truques de guitarra que eram sua marca registrada haviam sido roubados. Ao mesmo tempo, Clapton ficou alarmado a ponto de chamar Townshend, que nem era tão seu amigo, para uma reunião de emergência. Juntos, eles foram ao cinema, onde, sentados, tentaram encontrar a melhor forma de lidar com essa nova ameaça. Não sabemos a que filme eles assistiram, mas sabemos que acabaram decidindo fazer Hendrix sentir-se bem-vindo. É difícil imaginar o que mais eles poderiam ter feito. Tê-lo expulsado da cidade? Feito uma greve? Lançado um feitiço?

O ciúme não era restrito apenas a guitarristas. É divertido ver Mick Jagger no filme de 1973 de Joe Boyd, *Jimi Hendrix*, afirmando com um sotaque ridículo de *cockney* de Belgravia que amou e deu apoio a Hendrix. Na verdade, a cantada pouco sutil de Hendrix em cima de Marianne Faithfull, que ocorreu na frente de todos no Speakeasy (sem mencionar a aprovação da própria Marianne em relação a Jimi), foi o começo da rixa entre Jagger e Hendrix, que só acabaria com a morte de Jimi.[10]

---

[10] A música de Hendrix "Dolly Dagger... She drinks blood from a jagged edge" [Ela bebe sangue de um canto recortado] fala de uma das batalhas dessa disputa de longa data, quando Jagger roubou a namorada/faz-tudo de Jimi, Devon Wilson, de Nova York.

O mundo do R&B americano, segregado da sociedade branca, pode ter sido altamente estilizado, mas a cena inglesa de rock era um sistema social tão rigidamente estratificado quanto qualquer outra parte da vida inglesa: uma hierarquia onde cada um sabia o seu lugar e, em geral, ficava nele. Os Beatles e os Stones reinavam no mundo pop, mas em 1966 o emergente mundo do rock pertencia àqueles vistos como músicos virtuosos. No topo da cena estava o Cream. É difícil imaginar hoje em dia a admiração que o Cream causava. Ninguém subia no palco com eles — ninguém seria bobo o suficiente. Então, quando, em 1º de outubro de 1966, no Poly de Londres, um canhoto desconhecido, um tanto desajeitado, apareceu no meio da santíssima trindade, o público achou que ia testemunhar uma humilhação ritual — algum americano estúpido que não sabia o que estava fazendo. Ginger Baker franziu a testa e Clapton discretamente fechou o caminho para o seu amplificador Marshall. Então Hendrix plugou sua guitarra no amplificador do baixo de Jack Bruce. Em trinta segundos de "Killin' Floor" o queixo de Clapton caiu, e a hierarquia do rock inglês passou por uma profunda mudança.

Essa parte da história é bem conhecida; menos claras eram as intenções de Hendrix naquela noite. Quanto mais nos perguntamos, mais parece provável que ele tenha feito o show no espírito das sessões de improvisação que aconteciam antes da guerra. (Dadas as habilidades de Hendrix e a natureza provinciana do rock inglês, quem não faria o mesmo?)

Um amigo de Chas Chandler, Keith Altham, entrevistou Jimi na tarde antes do show. Sempre um observador astuto, ele logo notou a parte mais afiada do temperamento de Jimi, o que não correspondia a qualquer dos estereótipos publicados pela imprensa. O jornalismo popular não gosta de paradoxos, prefere fatos simples, facilmente digeríveis, e personalidades livres de ambiguidades irritantes. Então Jimi era apresentado como um extravagante "homem selvagem de Bornéu"[11], a não ser que acontecesse de o jornalista conhecê-lo de perto, e nesse caso a abordagem sofria um leve choque diante da discrepância entre o "selvagem" que aparecia no palco e o homem "gentil e tímido" dos bastidores.

Sendo jornalista e também relações-públicas, Altham sabia como manipular as expectativas do Fleet Street de modo a obter vantagens para seus clientes, mas era inteligente demais para acreditar nas histórias que vendia. Ele sabia que Hendrix tinha uma personalidade bem mais complexa, e se divertia percebendo que sua inteligência era tão rápida, cheia de manha e esperteza, e aplicada de um jeito tão despreocupado, que nem era registrada pela maior parte dos picaretas ingleses: "[suas] respostas petulantes eram por vezes desperdiçadas com jornalistas que não as entendiam. Ele respondia suavemente enquanto movia seus dedos longos nervosamente e continuava com 'etc etc etc'..."

Altham mais tarde escreveu em um artigo escrito como uma carta póstuma a Hendrix:

> Uma de suas melhores tiradas aconteceu antes de você ser convidado para improvisar com seu grande rival Eric Clapton e o Cream... Perguntei o que você achava dele e você disse: "Ele é uma espécie de herói pra mim, embora na verdade eu não tenha heróis. Mas mal posso esperar pra descobrir se ele é tão bom quanto realmente acha que eu sou." Você olhou maliciosamente pela janela do escritório do seu agente na Gerrard St.

---

[11] Os homens selvagens de Bornéu eram figuras do imaginário americano, baseadas em dois irmãos, nascidos na ilha asiática, que se apresentavam em shows onde podiam mostrar sua suposta força sobrenatural. [N.T.]

Então, enquanto Jimi olhava para fora da janela, na Gerrard St., que outro guitarrista ele teria na cabeça? Quem eram as grandes feras do blues inglês, e o que Jimi achava deles?

Clapton, quando o vi pela primeira vez em meados de 1966, deu a maior demonstração de virtuosismo na guitarra que eu jamais havia visto. O Cream, especialmente na época em que seus integrantes ainda se falavam, era de fato algo imperdível. Eles eram incrivelmente influentes na América, em especial na Costa Oeste. Jerry Garcia me disse que, assim como outras bandas de São Francisco, nunca tinha concebido que tanto poder pudesse ser concentrado no formato de uma banda de blues de três integrantes. E chamou aquilo de uma "revelação".

Jeff Beck era sempre o mais esquisito e menos previsível dos músicos. Ainda é. E é possível afirmar que ele tenha tido alguma influência sobre Hendrix; sabemos que Jimi estudou os discos do Yardbirds de maneira atenta, principalmente o uso que Beck fazia do feedback, um fenômeno que, até aquele ponto, nas palavras de Mick Green, era só "uma coisa da qual você queria *se livrar*, especialmente com guitarras semiacústicas".

Uma vez na Inglaterra, Jimi também se deixou influenciar muito por Pete Townshend, principalmente por sua conduta no palco e pela maneira como costumava gesticular. Para Townshend, que considerava suas próprias habilidades técnicas limitadas, a maneira de transmitir poder no palco era aumentar seus movimentos até que eles se tornassem míticos. Isso era como ele via as coisas. Eu diria que como guitarrista e compositor, ele sabia aproveitar seus pontos fortes. Usando simplicidade e objetividade, ele criou meia dúzia de singles magníficos, e inventou uma linguagem visual que os complementava tão bem que é copiada até hoje. Estranhamente, Pete — em essência um guitarrista de base e compositor que não tocava blues — era quem tinha mais em comum com Jimi. Os dois eram músicos autodidatas que desenvolveram estilos próprios para muito além de seus contemporâneos.

De todos os músicos ingleses, Peter Green parecia o menos intimidado por Hendrix. Green — nas palavras de BB King, aquele com o "som mais doce" e o "melhor" entre os brancos que tocavam blues — soa para mim como se tivesse alguma formação clássica, ou então como se conhecesse um pouco do violão espanhol. O estilo polifônico de Jimi seria para ele menos misterioso do que para outros músicos. Deixe-me explicar "polifônico". O guitarrista inglês tinha a tendência de tocar frases longas com notas individuais, desprovidas de acompanhamento: isso é monofonia. Jimi fazia isso tão facilmente quanto qualquer outro, mas, como fazem violonistas clássicos, ele conseguia tocar o acompanhamento e a melodia ao mesmo tempo (ao que, em geral e de maneira inadequada, nos referimos como "misturar a base e a melodia principal"): isso é polifonia.

O melhor exemplo de monofonia era Clapton, que, como Hendrix rapidamente percebeu, não era, de forma alguma, um guitarrista de base. Jimi, em contrapartida, tinha aprendido todas as manhas da guitarra de base menos glamorosa durante seus anos de formação fazendo turnês com shows de R&B. Os líderes das bandas do circuito soul não queriam nada que chamasse atenção, queriam simplesmente guitarras de base claras e articuladas. Jimi sempre falou em "escapar" dessas amarras, mas de fato a disciplina do R&B e do soul o fizeram ser quem era.

Uma vez que finalmente escapou, Jimi estava livre para explorar o instrumento. Diferentemente de Clapton, que era — e continua sendo — a encarnação da música "pura", Hendrix era um músico de "associações". Ele usava sua guitarra para imitar sons do cotidiano (de fontes não musicais) que ele ouvia a seu redor. Sem nada além de uma guitarra barata, um amplificador e alguns pedais bem básicos, ele conseguia fazer muito mais do que só tocar algumas músicas. Ele recriava os sons do vento do deserto ou o efeito Doppler de uma motocicleta passando; o *"booooooing"* do desenho do Papa-Léguas ou, como em "1983", evocava um convincente litoral, com ondas, gaivotas, apitos de navio e boias de sino.

Hendrix aumentava o potencial de cada nova peça de equipamento, não tanto por brilhantismo técnico, mas porque ele tinha bons ouvidos. Por exemplo, o pedal wah-wah: um simples pedal de apertar que fica entre a guitarra e o amplificador e produz uma rápida mudança de um contralto cheio a nada. Com o wah-wah nas mãos (ou, mais precisamente, a seus pés), Clapton produz o *"wah wah, wah-wah wah"* regular quaternário de "Brave Ulysses"— uma mudança de sonoridade interessante mas repetitiva, e um uso bastante comum do efeito. Hendrix, em contrapartida, explorou cada possibilidade sonora que o pedal podia produzir. Com precisão e considerável delicadeza de toque, ele movia o pedal por setores limitados de seus 40 graus, moldando as notas da guitarra como uma boca formando um discurso, até que o resultado se parecesse com sons vocais humanos: choros de bebês, vozes elevadas com raiva, e até a própria fala — palavras simples e frases como *"wow"* e *"so what"* [e daí?] ou o *"thank you"* [obrigado], que aparecem aos cinco segundos de "Still Raining, Still Dreaming".

Inteligência natural, ouvido afiado e um penetrante senso de humor impediram que ele fizesse só o uso óbvio do pedal (e vale lembrar que fora do palco Hendrix era um mímico natural, cujas imitações de Little Richard ou das drag-queens do Harlem faziam seus amigos morrerem de rir). De fato, ele achou um uso para o pedal mesmo sem usar a guitarra. Aumentando muito o volume de seu amplificador e pisando no pedal, ele descobriu que conseguia modular o chiado natural das válvulas do amplificador, produzindo sons de brisas suaves, de tempestades barulhentas ou do sussurro das ondas batendo na praia; sons que estão espalhados por "1983" e "Moon Turn the Tides". Hendrix tinha um *ouvido* e (apesar de muitas vezes passar despercebido) tinha também um refinado e malicioso senso de humor que, com uma leveza caracteristicamente sua, conseguia expressar na música.

Muitos dos mais intensos sons impressionistas de *Electric Ladyland* surgiram através do seu senso de diversão. Em sua maior parte, eles surgiram em shows ao vivo a partir de acidentes felizes ou como truques de showman. Inicialmente façanhas de circo — do tipo que agrada às multidões; piadas musicais na grande tradição que ia desde T-Bone Walker até os *tent shows*[12] —, esses sons foram sendo refinados no estúdio até virarem figuras musicais legítimas e se integrarem ao tecido das músicas.

Hendrix explorou o potencial de cada parte mecânica não musical de seu instrumento: componentes que não haviam sido planejados para produzir sons. Nos níveis de volume que Jimi usava, a maioria das guitarras (incluindo sua favorita, a Fender Stratocaster) efetivamente se transformava em um microfone. O instrumento inteiro, não apenas as cordas, tornava-se reagente. Sons que nenhum fabricante tivera intenção de criar podiam ser produzidos batendo no braço ou sacudindo o corpo da guitarra, raspando as molas que seguram o braço do instrumento para

---

[12] *Tent shows* eram shows populares nas áreas rurais dos Estados Unidos que aconteciam durante a primeira metade do século XX, misturando teatro, música e *vaudeville*. [N.T.]

fazer tremolos[13], acariciando, dobrando ou apertando partes das cordas que ficam depois dos trastes e nunca foram pensadas para serem tocadas.

Jimi conquistou a Inglaterra e o norte da Europa em questão de meses. Mas a América foi mais devagar. O bombardeamento em Monterey em junho de 1967 atraiu muita atenção (especialmente depois do lançamento do filme), mas os únicos resultados imediatos foram alguns shows adicionados rapidamente em São Francisco e Los Angeles — no melhor dos casos um estouro regional. Os dois primeiros álbuns, lançados com atraso nos Estados Unidos pelo selo Reprise em agosto de 1967 e janeiro de 1968, não tiveram nem de perto o sucesso dos singles (e mesmo estes não chegaram perto das vendas no Reino Unido). Mas no início de 1968, impulsionada pelo *underground*, sua reputação já era grande o suficiente para que ele fizesse turnês como músico principal. Todas as noites, de fevereiro até o início de abril de 1968, Jimi tocou em lugares espalhados pelos Estados Unidos, e depois seguiu para o estúdio para gravar. Quando entrou no Record Plant para editar *Electric Ladyland*, ele já era uma estrela nos Estados Unidos.

Hendrix fez o que a maior parte das pessoas na sua posição teria feito — voltou para casa triunfante. De volta a Nova York, apenas 18 meses depois de ter saído de lá sem um centavo, pode-se imaginar como ele se sentiu. Despiu qualquer traço de

---

[13] Tremolo é um efeito que, por meio da repetição rápida de uma nota ou da alternância rápida entre notas musicais, o som ganha uma qualidade trêmula. [N.E.]

anglicidade e se reamericanizou. Procurou antigas namoradas, pagou algumas dívidas passadas e ficou pelos clubes improvisando com quem quer que estivesse por lá. Agora ele podia receber a recompensa por todos os anos de investimento, e isso deve ter lhe dado uma sensação de vitória e de revanche. Abriu mão do sono completamente e andava pela cidade se divertindo o máximo que podia.

No entanto, nós não queremos criar uma imagem idílica demais. *Electric Ladyland* pode ser ouvido como o som de uma banda se separando. Por volta de abril de 1968, qualquer sentimento de família que pudesse ter existido naquela unidade (os três membros e Chas) estava praticamente exaurido. Noel Redding estava de saco cheio e queria largar a banda. Chas também não aguentava mais — ele achava impossível trabalhar com Jimi, e não conseguia nem falar com ele. Em salas de estúdio cheias de gente à toa, desconhecidos aleatórios tagarelando na nova linguagem da moda e claramente entupidos de outras substâncias além de Newcastle Brown Ale, Chas, o mais pragmático dos ingleses, resolveu que bastava e vendeu sua parte de The Experience para seu sócio, Mike Jeffrey.

Como Brian Jones, Hendrix sempre pareceu ter problemas em decodificar as pessoas a sua volta — ou talvez ele simplesmente não ligasse. Mais contido do que Jones, ele talvez achasse que um grupo de pessoas dava no mesmo que outro. Talvez estivesse se divertindo demais para notar. Quem pode culpá-lo? Voltas triunfais para casa são uma droga inebriante, e Hendrix, que tinha sido considerado na cena de Nova York esquisito demais para ter qualquer chance de sucesso, deve ter achado esse novo status particularmente gratificante.

Depois de três meses de turnê ininterrupta pelos Estados Unidos, Noel, Mitch e Chas queriam voltar para a Inglaterra, mas Jimi estava se divertindo demais. Para ele, os acontecimentos dos últimos 18 meses, toda a sua chegada à Inglaterra e a ascensão meteórica devem ter parecido um sonho. Embora compartilhem a língua, a Inglaterra e os Estados Unidos são menos parecidos do que em geral se supõe. A proximidade entre a Inglaterra e outros países de língua não inglesa do norte da Europa (Holanda, Alemanha e especialmente os países escandinavos) é mínima se comparada ao abismo cultural que separa a vida britânica da americana. Muito da vida britânica devia parecer um desenho animado para Hendrix, que, apesar da perspectiva das plateias (escutava-se com frequência pessoas dizerem "eu nunca pensei nele como negro" ou "eu achava que ele era inglês"), era tão pouco inglês quanto era hippie. Seria mais verdadeiro descrevê-lo como um negro americano, ex-paraquedista da 101º Batalhão.

Apesar da sua versão de "The Star Spangled Banner", o hino nacional americano — e das mensagens contra a guerra no Vietnã que com frequência são lidas nela —, Hendrix não era membro de nenhum movimento contra a guerra. Pelo menos até mais para o final da guerra, quando vários veteranos começaram a se juntar à causa, a oposição à guerra do Vietnã era feita, em sua maioria, por brancos, de classe média, com ensino superior — três grupos aos quais Hendrix não pertencia. Como jovens ao redor do mundo que têm problemas com a lei e de repente sentem uma enorme vontade de se juntar às forças armadas do país como alternativa para não irem presos, Jimi se alistou, em 1961, depois de ter sido pego pela polícia de Seattle em um carro roubado.

Veja a participação de Jimi no show de Dick Cavett em 1969. Quando lhe perguntam sobre seus dias no 101º Batalhão, é fácil sentir sua lealdade em relação aos colegas de regimento e seu distanciamento do "movimento". Numa época em que os astros do rock — John Lennon e muitos outros — estavam todos falando contra a guerra, Jimi poderia ter se manifestado com mais autoridade do que a maioria, mas escolheu não fazer isso — ou, o que é mais provável, esse protesto simplesmente não passou por sua cabeça. Ele não fazia o tipo que participava de movimentos. Como um astro, era tão solitário quanto tinha sido no Exército.

Os sentimentos contra a guerra que Jimi de fato expressava eram mais anti-qualquer-guerra do que específicos, ou políticos. Seus sentimentos antimilitares eram de natureza prática, comuns a homens alistados nas forças armadas de qualquer lugar, direcionados mais aos oficiais que interferiam em tudo do que a um militarismo abstrato. Eles podem ser melhor expressos pela máxima da Segunda Guerra. "Nunca na história da humanidade tantos foram incomodados por tão poucos." No palco (e, nisso, era o único entre seus colegas), Hendrix frequentemente dedicava músicas para "todos os soldados servindo em...", e aí listava lugares absurdos antes de completar: "Ah, sim, e no Vietnã também."

3. Ao vivo

Eu vi Jimi tocando ao vivo muitas vezes, mas os shows mais memoráveis, por motivos diferentes, foram o primeiro e o último. Quando o vi pela primeira vez, eu era um guitarrista de 14 anos que só tocava no próprio quarto e só conseguia fazer os cinco acordes de "Hey Joe". E acordes eram o máximo que eu sabia. Solos de guitarra, especialmente aqueles fraseados baseados no blues que Hendrix espalhava por toda parte, estavam muito além da minha capacidade. Eu não tinha a menor ideia de como aquilo era feito.

Era a hora do almoço de uma segunda-feira chuvosa no pátio de concreto da escola, no início de fevereiro de 1967. Alguns garotos jogavam bola, outros procuravam abrigo embaixo de uma fileira de álamos, lendo *Disc* e *Music Echo*. Um amigo veio até mim e me perguntou se eu queria "dar uma chegada até o Locarno" naquela noite para ver "um cara americano tocando com os dentes". Isso não parecia lá muito promissor. Em primeiro lugar, eu já tinha visto a maioria das bandas boas de lá — Cream, The Who, Small Faces —, e depois havia outras atrações rivais a se considerar também. Será que valia a pena jogar fora uma valiosa noite de segunda-feira por um guitarrista americano desconhecido quando eu podia estar jogando pedras em um campo de aviação abandonado que disputávamos com as tribos dos conjuntos habitacionais construídos atrás dele?

Às 19h30 eu subi as escadas de concreto que levavam ao Locarno de Bristol, uma das várias de uma cadeia de indistinguíveis e provincianas salas de concerto que surgiam em cidades como Coventry, Stevenage e Sunderland. Decorado de um jeito polinésio metido a chique e meio estúpido — palmeiras de plástico cresciam no bar mal-iluminado em estilo *bali-hai* —, o bar tinha um DJ que tocava singles da Tamla Motown para jovens mods[14] até que o palco giratório trouxesse a atração ao vivo da noite. Bandas só se apresentavam no meio da semana, talvez porque os fins de semana fossem reservados para as bandas mais caretas, com o sagrado provincianismo da dança de salão ao som sofisticado da Denis Mann Orchestra, mas mais provavelmente porque os grupos podiam ser contratados pela metade do preço de uma sexta-feira ou sábado à noite.

O DJ parou, as luzes diminuíram e o palco girou, trazendo um guitarrista canhoto com uma jaqueta militar preta e uma Fender Stratocaster branca. Ele mastigava furiosamente, e ficou em seu lugar de sempre, à direita do palco (à esquerda do ponto de vista do público), na frente de um stack[15] da Marshall, com a parte de cima dos dois gabinetes de alto-falantes coberta por uma toalha de praia grande e colorida. Eu já tinha visto Townshend cobrir seus alto-falantes com uma bandeira da Inglaterra, mas nunca tinha visto ninguém que usasse um stack

---

[14] Mods eram garotos adolescentes de Londres, cujas famílias em geral trabalhavam no comércio de tecidos. De classe média, em geral usuários de anfetaminas, eram obcecados pelas tendências da moda e estilos musicais, como ternos italianos bem justos, jazz moderno e R&B. [N.T.]

[15] Stack refere-se ao modelo de amplificador que pode ser empilhado. [N.T.]

da Marshall como cabide de toalha. Que sensato! Qualquer um que estivesse na mesma velocidade em que esse sujeito parecia estar ia acabar suando consideravelmente. A minha primeira impressão foi da toalha e da jaqueta (a mesma com trançados dourados que ele usaria na capa de *Are You Experienced*).[16] O casaco preto era destacado de forma bacana pela Strato[17] branca de ponta-cabeça enquanto uma segunda Strato, uma extra, também branca, estava encostada no amplificador Marshall. Eu nunca tinha visto ninguém com duas guitarras antes. Ele devia ser *muito* bom.

Sobre as duas outras figuras, parecia que o baterista ainda poderia estar no colégio e o baixista usava óculos. Todos três tinham cabelo sarará. Eles tocavam tão alto quanto o Cream, mas de forma menos agressiva do que o The Who. Era um som completamente diferente. Não é que lhes faltasse ataque, mas a atmosfera era bem outra: onde o The Who era ameaçador, eles eram tranquilos. O guitarrista canhoto, em particular, parecia estar de fato se divertindo. Claramente se empolgando com a música, ele sorria muito e de tempos em tempos acenava com a mão esquerda convidativamente, como que chamando a plateia a unir-se a ele na diversão. Tinha algo de sedutor nisso — e ele era claramente um guitarrista muito bom —, então eu pensei que devia ir lá para a frente e olhar bem de perto.

Depois de algumas músicas comecei a sacar o seu comportamento pouco comum. (Os guitarristas ingleses de blues

---

[16] A jaqueta, que Hendrix amava, veio da Lord Kitcheners Valetet. Ele depois descobriu que ela tinha uma insígnia da (não combatente) Unidade de Cirurgiões Veterinários, ou, como dizia Chas, "Donkey-tenders" [cuidadores de burros].

[17] Strato é uma espécie de apelido para a Stratocaster, uma das mais famosas guitarras do mundo, usada por Hendrix. [N.T.]

daquela época geralmente ficavam parados com uma cara extremamente séria, e seu público ainda mais.) Hendrix não estava de brincadeira. Sua técnica era tão segura que ele tinha tempo para tocar brilhantemente e fazer todas essas outras coisas com os braços. Às vezes ele só botava uma das mãos na guitarra, e ainda assim soava ótimo. Era similar àquela qualidade vista em alguns raros esportistas que aparecem uma ou duas vezes a cada década: eles parecem ter uma fração de tempo a mais do que os colegas, tempo no qual podem escolher o lance, ou ajustá-lo, sem nunca parecerem apressados, tempo que faz com que a jogada pareça sem esforço e seus oponentes pareçam desajeitados.

Até onde eu me lembro, não havia lá muito material original no set de 45 minutos. "Hey Joe", "Stone Free", "Can You See Me" eram incrementadas com os blues "Rock Me Baby", "Killin' Floor" e as standards do soul como "Mercy Mercy", que Jimi anunciava no seu estilo hesitante característico: "Uma pequena musiquinha... uma bem direta... ahã... top 40 do R&B... disco de rock'n'roll... Uma pequena parada chamada "Have Mercy"... tenha piedade... tenha-piedade-de-mim... baby."

A única gravação ao vivo que eu conheço de "Mercy" pode ser encontrada em uma fita do Flamingo, de Londres. Gravada só cinco dias antes do show do Locarno, é uma válida representação do conteúdo, se não da atmosfera daquele show. Jimi passa pela introdução esbanjando virtuosismo, voando por cima de tudo, mas sem perder o soul.[18]

---

[18] Compare a guitarra da introdução de Jimi no single da Atlantic de Don Covay, "Mercy Mercy", com aquela da sua própria composição, "Remember" (do álbum inglês *Are You Experienced*). Para a opinião de Steve Cropper sobre "Mercy", veja a p. 106.

Depois de correr desabaladamente com "Can You See Me" na tonalidade de Fá sustenido, Jimi se joga em uma abertura instrumental estendida de "Like a Rollin' Stone", tocada com delicadeza comovedora — mesmo em comparação com a versão mais conhecida de Monterey. A calmaria depois da tempestade. O que eu chamo de seu estilo de guitarra "Little Wing" em tonalidades maiores está presente e totalmente formado, já aqui, bem no começo de sua carreira. Mais uma vez, a destreza é de tirar o fôlego.

O set de Bristol definitivamente acabou com "Wild Thing", e eu tenho uma memória indelével de que ele com certeza tocou "Third Stone from the Sun" — entretanto, não sei como eu poderia saber, ou lembrar disso, já que o show aconteceu meses antes do lançamento do primeiro álbum. Desconfio que seja um *déjà-vu*. Ainda assim, quando perguntei a Mitch Mitchell se isso era possível, ele disse que sim. Mas continuo não levando muita fé.

Eu reconheci a introdução de "Hey Joe", e por causa de *Ready Steady Go!*[19] sabia que aquele seria o "número dos dentes". Num impulso adolescente devastador, meu amigo e eu demos a volta até a lateral da plataforma, onde podíamos desfrutar uma vista desimpedida de todo o palco, para ver se ele realmente tocava com os dentes ou se nós estávamos sendo sacaneados.

Durante o solo, primeiro ele puxou a Strato para trás da cabeça, sorrindo e tocando bem como está no disco. Então ele passou a guitarra por cima da cabeça novamente e a levantou na altura do rosto para tocar a segunda parte do solo com os dentes. Trouxe o instrumento de volta à posição normal para

---

[19] *Ready Steady Go!* era o nome de um programa da TV inglesa que passava nas sextas-feiras à noite, e foi ao ar de 1963-66. [N.T.]

a passagem em uníssono com o baixo. Nós estávamos perto. Mas ainda assim não dava para ter certeza. De fato, parecia haver algo realmente *dental* a respeito daquele som. Ele tinha o tipo certo de ataque — afiado —, mas no momento crucial seu rosto estava escondido pela guitarra. Eu admirei sua sagacidade.

Aquele show aconteceu no dia 9 de fevereiro de 1967, e ainda que eu tenha visto mais uma meia dúzia de shows de Hendrix no decorrer dos três anos seguintes, nada se comparou àquela experiência inaugural, quando eu não tinha nenhuma ideia preconcebida do que veria. Por um breve período — de janeiro até o fim de março de 1967 —, o público inglês pôde ver Hendrix de uma maneira que nunca mais seria possível. Por quê? Por dois fatores: proximidade e o nosso próprio despreparo — vou explicar ambos mais à frente. Por que essas datas? Bem, Jimi chegou a Londres em setembro de 1966. Uma vez tendo recrutado a "cozinha da banda", partiu para o resto da Europa para algumas gigs de aquecimento: França em outubro e Alemanha em novembro. Em dezembro, a banda só tocou umas cinco ou seis vezes em casas de show nos arredores de Londres. E fizeram o show de réveillon num lugar minúsculo na cidade natal de Noel, Folkestone. Shows regulares pela Inglaterra não começaram até 4 de janeiro de 1967, quando eles passaram a tocar quase todos os dias da semana.

A primeira diferença que fez com que o público inglês tenha tido um contato privilegiado com Hendrix foi a simples proximidade. A maioria daqueles shows aconteceu em boates e clubes tão pequenos que você podia esticar o braço e dedilhar a guitarra de Jimi (ou mordê-la, se achasse mais apropriado). No show em Bristol eu estava a talvez uns 2 metros de distância; uma foto tirada duas noites depois no clube Blue Moon, em

Cheltenham, mostra o público sentado, como se estivesse num vagão de metrô lotado, e Jimi de pé no corredor. Quando se tem esse tipo de proximidade física de alguém com habilidades únicas, sofre-se um impacto profundo.

O segundo elemento foi — enquanto durou — a surpresa. Poucas pessoas que iam a esses shows sabiam o que iam encontrar. Hendrix chegou sem pompa, de uma maneira que praticamente desapareceu na indústria do entretenimento atual. Sem vídeos, sem álbuns para nos anunciarem — apenas um single solitário de 45rpm ("Hey Joe") e uma aparição na TV dublando a canção em Ready Steady Go!. Estávamos bem despreparados. É raro, em qualquer época, nos depararmos com um artista de qualidade excepcional. Esbarrar em um tocando na discoteca local é tirar a sorte grande.

Por melhor que eles fossem, nenhum dos músicos ingleses que eu tinha visto — Clapton, Beck, Townshend — nos preparavam para Hendrix. Não era uma questão de grau de habilidade, mas havia uma diferença qualitativa: os ingleses pareciam caras altamente habilidosos se *esforçando* em uma tarefa, enquanto Hendrix parecia ter nascido para aquilo. Ferocidade e delicadeza lado a lado — produzidas com a mesma displicência. Parecia não custar nada para ele. Jimi tinha dominado a técnica tão profundamente que ela se tornava transparente, o que permitia que seu jeito de tocar se tornasse uma expressão direta de sua personalidade, em vez de uma interpretação perfeitamente executada.

Mas as pessoas se acostumam mesmo com a mais radical das descobertas muito rápido. O extraordinário se torna lugar-comum em questão de semanas. Mais tarde, quando você ia ouvir Jimi, já tinha passado a saber exatamente o que esperar. Ele não desapontava, mas você estava preparado para o que viria.

A "era da inocência" não poderia durar muito com uma estrela da magnitude de Jimi, e até o fim de março de 1967 ela já havia passado. Essa data não é inteiramente arbitrária: nessa época, seu segundo single, "Purple Haze", já estava se encaminhando para o terceiro lugar nas paradas; Jimi estava em tudo que era programa de TV e rádio, e a máquina publicitária estava gerando bastante espaço na imprensa. Era então improvável que muita gente fosse assistir ao Jimi sem ter antes ouvido as gravações ou lido as críticas.

O dia 31 de março também foi a abertura de sua primeira grande turnê no Reino Unido, com Jimi aparecendo na companhia inusitada de Englebert Humperdink, Cat Stevens e dos Walker Brothers,[20] em grandes teatros, com plateias sentadas. Ele tinha escalado alguns degraus no que diz respeito aos locais de apresentação, e muitos outros degraus em sua fama pessoal. O sujeito americano que tocava com os dentes tinha se tornado o reconhecido artista Jimi Hendrix, e a possibilidade de esbarrar com ele por acaso não existia mais.

Não é surpreendente que aqueles que viram os primeiros shows tenham formado impressões parecidas. Em seu livro *Give The Anarchist A Cigarette* [Dê um cigarro ao anarquista], Mick Farren escreve sobre a primeira vez que viu Hendrix no Marquee da Wardour St. Ele viu um show no final de janeiro de 1967, mais

---

[20] Foi Keith Altham quem sugeriu tornar a noite de estreia (31 de março, no Astoria, em Londres) mais interessante ao incitar Jimi a queimar sua guitarra. Ele a queimou, ainda que tivesse ficado mais excitado com a ideia de pôr fogo nos Walker Brothers!

ou menos uma semana antes de mim, e como eu, assistiu ao show de uma distância de poucos metros do palco. O magnetismo de Hendrix funcionou da mesma forma com um adulto e com um garoto de colégio:

> Qualquer coisa que se possa dizer sobre Hendrix no palco será essencialmente redundante. Por mais de 30 anos a gente tem ouvido gravações e assistido a filmes e clipes e é quase impossível recriar o absoluto deslumbramento... em vê-lo tocar. Ele amava o que estava fazendo num grau tão intenso que cativava todo o público. Sua sexualidade ostensiva era, é claro, muito evidente, mas para interpretá-la como sinistra você teria que ser monstruosamente pudico ou um racista patético. Seu boogie sujo não tinha nada de raivoso e a sua técnica era tão desprovida de esforço que ele tinha tempo de parar e fazer piadas, gracejos e provocações. A maioria dos críticos foca na sua exuberante demonstração de habilidade, mas eu fiquei mais impressionado pelos movimentos menores, o simples martelar das cordas com a sua fluente mão direita, o flexionar do braço contra o corpo para produzir leves nuances e variações de timbre. Deve parecer estranho falar de "nuance" no contexto de uma música tão selvagemente agressiva tocada num volume ensurdecedor, mas a atenção de Hendrix a detalhes, no meio do maior turbilhão, era inigualável... Nas partes mais introspectivas dos seus solos eu quase conseguia ver sua mente funcionando enquanto ele passava facilmente pelos campos magnéticos dos amplificadores Marshall, explorando cada flutuação única entre a bobina do alto-falante e os pick-ups da sua guitarra... Eu veria Jimi muitas outras vezes, mas nunca com a mesma proximidade e real (ou imaginário) *insight* daquela noite no Marquee.

Essa é a descrição mais concisa que eu encontrei de Hendrix no início de sua carreira. Farren explicita as primeiras reações, tanto dos fãs quanto da imprensa inglesa — então por que os primeiros críticos americanos responderam de maneira tão diferente?

Quando Jimi explodiu em Monterey, seis meses depois, ele era tão desconhecido para a maioria dos americanos quanto havia sido para o público inglês. Ainda assim, parece que estavam escrevendo sobre um músico diferente. Críticos falavam de um "*Uncle Tom* psicodélico",[21] "sem dignidade", cujo show "cheio de truques e efeitinhos" era "uma cópia de quinta da destruição do The Who". Até seu discurso os irritava, com seu "*superspade jive*".[22] O leitor mais perspicaz talvez perceba um tema comum que perpassa todas essas respostas…

A imprensa americana liberal, da *Esquire* ao *Village Voice*, estava perplexa com Hendrix de uma forma como a imprensa inglesa nunca esteve. Parece extraordinário que os jornais americanos mais descolados se pautassem em opiniões comuns apenas aos tabloides ingleses ("o selvagem de Bornéu" etc.). Ninguém esperava que jornais ingleses como o *Mirror* entendessem seja lá o que fosse direito, menos ainda em se tratando de música, mas esperava-se mais da imprensa americana underground. Filtrando suas críticas através de todo um complexo de atitudes autopatrulhadoras da era "radical" do Vietnã para

---

[21] A expressão *Uncle Tom* se refere ao afro-americano que tem postura subserviente em relação aos brancos. [N.T.]

[22] *Superspade* é uma gíria americana usada para designar afrodescendentes muito bem-dotados em alguma área, como músicos excelentes, cientistas brilhantes etc. *Jive* também é uma gíria, que se refere tanto a um tipo de música quanto ao modo de falar dos negros norte-americanos. [N.T.]

com as relações raciais, eles conseguiram perder quase que totalmente a noção da música.

Meu propósito não é destruir a imprensa americana — eles estavam bastante ocupados destruindo a si mesmos. Por trás de um monte de reclamações sobre a falta de dignidade na execução e o irritante fracasso de Hendrix em se encaixar em categorias críticas preexistentes para artistas negros, estava a questão essencial de que suas músicas misteriosamente não puniam o público por ser branco. Hendrix não bancava o homem negro raivoso e ferido, ou a digna vítima da opressão; ele não oferecia aos críticos brancos um espelho no qual refletir sua culpa. Eles não sabiam bem *que* papel ele desempenhava. Mas sabiam que não gostavam daquilo.

Resenhando Monterey para a *Esquire*, o "reitor dos críticos de rock", Robert Christgau, primeiro se distinguiu por chamar o Grateful Dead de "improvisadores de destaque do festival". (De fato, o show foi tão ruim que o Dead se recusou a permitir que mesmo dez segundos fossem usados no filme ou no álbum com a trilha sonora.) Garcia foi muito engraçado quando falou disso, anos depois, em Londres. Ele me disse:

> Nós fomos uma droga em Monterey e Woodstock. Não sei se grandes festivais alguma vez deram certo pra gente. Em Monterey nós fomos espremidos entre The Who e Hendrix... Primeiro o The Who — *bang* — quebrou tudo... Aí Hendrix — som enorme, incendiava tudo... *Whoooosh*... Aí nós saímos e tocamos nossa musiquinha...

Mas segundo o olhar de Christgau:

> A apresentação do The Dead foi rapidamente obscurecida por The Jimi Hendrix Experience. Hendrix é um crioulo de Seattle que

foi trazido de Greenwich Village para a Inglaterra pelo ex-Animal Chas Chandler em janeiro. Foi uma jogada esperta. A Inglaterra, como toda a Europa, está sedenta pela "coisa real", como artistas que vão de Howlin' Wolf a Muhammad Ali já descobriram. Hendrix arrumou dois bons coadjuvantes ingleses e já entrou arrombando a festa. Ele veio para Monterey recomendado por gente como Paul McCartney. Ele era terrível.

    Hendrix é um *Uncle Tom* psicodélico. Não acredite em mim, acredite no Sam Silver do The East Village Other: "Jimi fez um numerito de preto..." Ele também tocou o que todos parecem chamar de guitarra "pesada"; nesse caso, isso significa tocar alto... A destrutividade do The Who é um teatro consistente, derivado diretamente da postura desafiadora de classe baixa, de onde vem o grupo. Suponho que se possa considerar o show de Hendrix uma paródia consistentemente vulgar da teatralidade do rock, mas não sinto a menor obrigação de gostar dele. De toda forma, ele não sabe cantar.

Não é a minha intenção chamar atenção para Christgau. Claramente ele representava uma certa corrente de opinião nos Estados Unidos (não necessariamente restrita a críticos brancos), e, em sua defesa, ele continua mantendo sua impressão original: um bom polemista deve se opor à ortodoxia dominante.[23] Mas a disparidade entre a opinião dos ingleses e a dos americanos continua profundamente intrigante. As ofensas a Hendrix (fora ser um negro no contexto americano) parecem ser:

1. Ter vindo depois do Grateful Dead (um trabalho sujo, mas alguém tinha que fazê-lo).

---

[23] Pode-se encontrar a resenha em inglês, com todo seu contexto, online em: www.robertchristgau.com/xg/music/monterey-69.php.

2. Ter ido para a Inglaterra (reforçando assim o deplorável gosto europeu por "coisas reais").
3. Entrar de penetra (!).
4. Ser terrível (!!).
5. *Parecer* "pesado" (?).
6. Ser consistentemente vulgar.
7. Incapacidade de cantar.

Bem, adicione desafinação e técnica pobre de microfone e você tem provas bem incriminadoras.

Hendrix passou quase todo o ano de 1968 — o ano de *Electric Ladyland* — nos Estados Unidos. Só foi avistado na Inglaterra em um dueto na TV com Dusty, cantando "Mockinbird" no Dusty Springfield Show. Quando voltou para os palcos europeus já era um músico diferente, mais seguro, menos nervoso e com vontade de agradar — e também era o show mais caro do rock'n'roll.

Minha última visão de Jimi foi tão memorável quanto a primeira — ainda que pelas razões erradas. Em 1969, Dylan foi à Europa para tocar no festival Isle of Wight, de certa forma como um meio de escapar das multidões que transbordavam de um outro festival maior e ameaçavam levar para o brejo sua casa em Woodstock. Os organizadores do Isle of Wight decidiram repetir o sucesso no ano seguinte, contratando um time impressionante encabeçado por Jimi. Então, em agosto de 1970, aquele que acabaria sendo o seu último show inglês aconteceu em uma pequena ilha na costa sul da Inglaterra.

Estima-se que 250 mil pessoas encheram as balsas que cruzavam o Solent vindas de Southampton. Chegando ao lugar depois de já estar escuro, me encontrei esgueirando-me por buracos nas grades duplas, abertos por alguns motoqueiros que deixavam as pessoas entrarem por dez libras (mais ou menos um quinto do ingresso original). Mais tarde, um grupo de anarquistas franceses, racional e ceticamente, demoliu um pedaço da grade, declarando que o festival era de graça — não sem antes terem que repelir um misto de motoqueiros e guardas, que tinham unido forças contra a ameaça estrangeira a seus interesses financeiros mútuos: um perfeito exemplo da flexibilidade do capitalismo tardio explorando a falsa consciência do proletariado.

Como notou Mick Farren, em retrospecto, esse festival marcou o fim dos anos 1960 e o início dos anos 1970. Tendo observado as preparações para o festival e achado que eram mais adequadas a um campo de prisioneiros, Farren decidiu atrapalhar o evento. Ele vazou para as páginas do *International Times*, a notícia de que o festival poderia ser visto de uma grande montanha que cercava o lugar. É claro que aqueles que não passaram pela grade estavam na montanha.

Naqueles dias shows nos festivais atrasavam monstruosamente, e era uma ou duas da manhã quando Hendrix subiu ao palco. Tentar me manter acordado pelo que pareceu seis ou sete horas de Joan Baez deu trabalho. Eu relaxei e tirei uma soneca, e quando abri os olhos o céu estava cheio de estrelas cadentes — a chuva de meteoros anual de Perseids. Bons prenúncios para todo lado.

Hendrix murmurou um cumprimento naquela maneira familiar, informal e displicente e se lançou em "Sergeant Pepper", como uma saudação. Quase que imediatamente você sentia que algo não estava bem, mesmo com 50 metros de multidão na sua frente. The Experience soava cansado. Mitch batucava furiosamente mas nem sempre mantinha o ritmo, como um homem que trabalha dobrado para evitar que o navio afunde. Billy Cox, que tinha substituído Noel Redding, fazia seu trabalho tão anonimamente que você mal notava que ele não estava bem, por ter sido irritado em um show anterior. E Hendrix — logo ele, que sempre pareceu invulnerável em sua confiança e exuberância — estava claramente lutando e perdendo uma batalha contra alguma coisa. O que era, eu não sabia direito.

Em vez do seu calor normal, a energia do palco estava distante, instável; e em alguns momentos se aproximava do pânico. Àquela altura da madrugada, eu não tinha certeza se era só eu; a multidão gritava e festejava, e parecia bastante feliz. Mas a música parecia estar tomada por estresse, nervosismo, ou por alguma coisa que, naquela hora, eu não consegui identificar. Ali estava outra marca dos anos 1970, porque aquele som, ou algo parecido com aquilo, se tornaria familiar ao longo da década: o som quebradiço e metálico de músicos fora de si tocando sob o efeito de muita cocaína.

O que Hendrix tinha de fato tomado eu não saberia dizer (aparentemente ele estava acordado há dias celebrando a abertura do seu estúdio, Electric Lady), mas qualquer um, mesmo sem prestar muita atenção, conseguia escutar que algo estava seriamente errado. Jimi também conseguia, porque depois de algumas músicas ele solicitou uma parada. Murmurou um pedido de desculpas e saiu do palco, voltando depois de alguns minutos para anunciar que começaria de novo.

Ele tentou, tentou mesmo, mas não estava rolando. A música ficava escapando dele. Qualquer que fosse o problema, não podia ser resolvido por esforço. A primeira coisa que notei foi que o feedback estava estranho. Jimi sempre havia sido mestre em controlar o feedback no palco, incorporando seus acidentes à música. Agora, em vez daqueles adoráveis sons do blues, o feedback estava estridente e dissonante. Em vez de se adaptarem às notas melódicas e saírem da maneira esperada, uma oitava, ou uma oitava e uma quinta acima da nota fundamental, as notas estavam fora do tom e impossíveis de manipular.

Hendrix costumava controlar o volume tão bem que nunca era doloroso — ele sempre fazia distinção entre "barulhento bom", que era poderoso, e "barulhento ruim", que simplesmente dói aos ouvidos —, mas naquela noite nada estava dando certo para ele. Os amplificadores estavam captando os indícios de ondas curtas cheios de interferência dos rádios intercomunicadores dos guardas —, e em um dado momento, se a memória não me falha, até o palco acima dele pegou fogo.

Se ele não tivesse morrido tão pouco tempo depois, a apresentação no festival de Isle of Wight teria sido apenas um show ruim, mas o sentimento vindo do palco era tão estranho, e faltava tanto a sensação de entusiasmo, que quando ouvi a notícia da sua morte algumas semanas depois, de alguma forma ela não veio como um choque tão completo. Hendrix era um músico tão aberto que o seu estado de espírito aparecia logo de cara — como Johnny Winter disse, "ele não se escondia por trás do show, ele só tocava" —, então o que passava para a gente era a expressão real de como ele estava se sentindo no momento.

Alguns críticos argumentam que o virtuosismo no palco e o estilo showman de Jimi prejudicavam-no como um músico "sério". Essa é uma questão sobre a qual o próprio Jimi era ambivalente. Ele reclamava de ser visto como um "número de circo". Na prática, isso parece significar que ele se ressentia de que esperassem que ele destruísse seu equipamento quando ele, na verdade, não tinha vontade de fazer isso.

Seus números — língua, dentes, splits, guitarra atrás da cabeça etc. — estavam presentes em todas as fases de sua carreira. Eles o fizeram ser demitido da banda de Little Richard por ofuscar a atração principal, e eles formam uma parte de seu caráter musical tão autêntica quanto seu gosto pelo blues de Chicago ou as experimentações de Jeff Beck na era Yardbirds. O espetáculo era natural. Quando você tenta introduzir uma distinção entre a performance e um ideal qualquer de musicalidade "pura" (especialmente com um performer tão *natural*), você acaba não chegando a lugar nenhum.

Considere o uso de feedback de Hendrix. Na sua forma mais simples, feedback pode significar qualquer coisa desde o arranhar do microfone posicionado perto demais de um alto-falante até o guincho que assola as guitarras semiacústicas quando tocadas em volume alto. Mas o uso deliberado de um feedback melódico é algo diferente. É se aproveitar dos ruídos eletrônicos indesejados para um fim musical.

Quando você toca uma nota na guitarra, os captadores detectam o movimento das cordas e mandam um sinal para o amplificador. O sinal amplificado é mandado para os alto-falantes, dos quais emerge o som. Em volumes altos, as caixas de som deslocam o ar — dá para sentir se você estiver perto. Então quando a guitarra é tocada num volume alto o suficiente, um novo elemento entra em cena: feedback. Em vez de ter que pegar nas cordas para produzir uma nota, a força do som vindo dos alto-falantes faz a corda vibrar por conta própria, produzindo um efeito circular.

Se você ficar bem na frente do alto-falante, o feedback fica mais fácil. Assim, sua posição física se torna um fator que interfere no som. Você pode conseguir uma nota de frente para os alto-falantes e uma outra nota (talvez uma oitava mais aguda) quando você se posiciona em certos ângulos. Movimentos simples mudam a afinação do feedback. O guitarrista tem diversas variações com as quais brincar, e Jimi usava todas elas.

1. A forma mais simples de feedback recicla a nota que você tocou (a fundamental), a captura e a toca em loop. A nota se mantém por quanto tempo você quiser.
2. O próximo estágio é a nota que foi capturada então se alimentar de volta em uma oitava acima da fundamental. Isso soa incrivelmente dramático, já que não tem nenhuma divisão clara entre as notas — a mais aguda parece ter nascido da mais grave.
3. Há uma variante da (2) que produz uma nota em uma oitava e meia mais aguda.
4. A última é, de longe, a mais difícil de ser conseguida — é uma forma muito controlada de feedback. Outras variantes soam agressivas enquanto essa soa como um instrumento de arco, como um violoncelo ou uma viola; como se a nota fosse mantida por uma medida correta e não naquela ondulação gigante que faz com que o feedback simples soe tão dramático. Para invocá-lo, você toca uma nota, ela é capturada e começa o feedback. A seguir, você desliza os dedos (os que estão pressionando as cordas) para cima e para baixo pelo braço da guitarra até gerar uma fricção diferente, mudando o tom. E essa nota faz um feedback também. Para quem está observando, o guitarrista parece estar tocando melodias numa única corda sem nunca dedilhar uma nota. Um aparelho chamado E-bow produz um efeito parecido, mas você pode ouvir o som feito pelas mãos de Jimi na música

"Drifting" (mais uma balada sobre água, achada nos álbuns *Cry of Love* e *First Rays*). Começando em 2'23'' de "Drifting" há uma nota aguda que se expande por alguns segundos (atingindo seu ápice em 2:25) e depois segue para uma frase descendente por volta de 2'31''. O tom é celestial, e para mim é o som mais bonito que Jimi já gravou.

Uma vez que se começa a tocar no volume que o The Experience tocava, todo o palco se torna sensível ao feedback, e o músico experiente sabe que se ele se mover — mesmo que apenas se vire para algumas direções —, isso vai mudar a qualidade e a afinação do feedback. Pense naquelas ilustrações que usam cores para mostrar as variações de campos magnéticos. Quando se controla o feedback tão bem quanto Hendrix, é possível literalmente "tocar o palco": todo movimento afeta o som produzido. Como escreveu Tom Nordlie na *Spin*, "era impossível separar a linguagem corporal de Jimi de sua técnica".

Uma memória final data de alguns anos depois da morte de Jimi. Certas peças musicais, mesmo gravadas, vão sempre evocar certas memórias. Uma audição de "All Along the Watchtower" me marcou acima de tudo. Em julho de 1973, toquei no festival Trentishoe em North Devon, que aconteceu em um campo localizado em um penhasco de centenas de metros de altura com vista para o canal de Bristol, e com a costa Welsh e o Gower visíveis, separados por 20 milhas de água.

Saindo para o festival um dia antes de seu início oficial, nós chegamos à tarde e encontramos o PA ainda sendo montado.

Até as oito da noite ainda não tinha saído nenhum som de lá. Logo antes do pôr do sol ele emitiu algum guincho de alta frequência e aí afundou num taciturno silêncio. Hoje em dia um PA de 20 mil watts não é grande coisa, mas em 1973 era um equipamento incrível. O sistema (emprestado por Joe Cocker, segundo o que nos disseram) não era só potente, mas também preciso e eficiente — um PA tão avançado quanto você poderia encontrar em qualquer festival europeu daquela época. Talvez esse fosse o problema. Enquanto os montadores se concentravam em volta dos andaimes, carregando um monte de alto-falantes, nós fomos dar uma volta pela área.

Acima de nossas cabeças as estrelas estavam claras. As luzes de Swansea e a distante costa Welsh brilhavam no mar. Mas perto de nós a noite estava pontilhada por fogueiras de acampamento e pela luz das tendas — a mais brilhante delas era a do Pink Fairies Casino and Off-License, um empreendimento operado por Boss Godman, os Fairies e (mais uma vez) Mick Faren, que esperava enganar hippies inocentes com um jogo de roleta viciado. Àqueles que já não estivessem completamente loucos de ácido seria vendida cerveja Lager em lata até que estivessem chapados demais para perceber o prejuízo das suas apostas. Na verdade, esses eram princípios conhecidos de Las Vegas — e, de fato, poderiam ter funcionado se os Fairies não estivessem na maior viagem e não tivessem bebido toda a cerveja.

Enquanto caminhávamos de volta pelo penhasco e chegávamos a um cume mais baixo, podíamos mais uma vez ver o palco, destacado com sua iluminação rudimentar e a cintilação das tochas da equipe técnica nos andaimes. De repente, a noite explodiu com vida. O PA estava funcionando. Toda a iluminação de palco foi ligada, enchendo a noite com cor, e no volume absolutamente máximo, com uma claridade estarrecedora — do nada! — começou "All Along the Watchtower". Foi maravilhoso. Como se não fosse o suficiente, uma brisa vinda do mar soprava as ondas de som para lá e para cá, ocasionalmente acrescentando ao som um efeito que parecia uma phasing "natural".

Sonoridades elétricas impactantes projetadas à distância, na noite, não se parece com mais nada neste mundo. Navios a 4 ou 5 milhas no canal começaram a apitar.

4. A capa

Jimi odiava a arte da versão inglesa da capa de *Electric Ladyland* — e quem poderia culpá-lo? Uma fotografia singularmente desagradável que falha por todos os ângulos: não é nem arte de qualidade nem pornografia atraente. O único sentido no qual se poderia considerá-la bem-sucedida é na sua incrível irrelevância para o disco.

A capa foi feita por Chris Stamp e pelo diretor de arte da Track Records, David King, enquanto Hendrix estava nos Estados Unidos. Stamp mandou King e o fotógrafo David Montgomery ao Speakeasy[24] para juntar algumas garotas, com a missão de fazê-las parecerem "pessoas reais", a cinco libras por cabeça (ou dez, se elas tirassem as calcinhas). Isso soa autenticamente como uma ideia de Stamp. Jimi retornou para a Inglaterra e o fato já estava consumado. Ele olhou uma vez para a arte da capa e se distanciou o máximo possível dela, explicando para entrevistadores que aquilo "não tinha nada a ver com ele". Mitch também achou que a capa era "uma grande porcaria".

---

[24] *Speakeasy* era um tipo de bar camuflado que servia bebidas ilegais na época da lei seca nos Estados Unidos. Acabou se tornando um termo que designa genericamente barzinhos escondidos e de má qualidade, com frequência duvidosa. [N.T.]

Se o resultado — atribuído várias vezes a "iluminação ruim", "tinta barata" ou "papel de baixa qualidade" — conseguiu mostrar "pessoas reais" é discutível, mas sem dúvida conseguiu remover qualquer traço de glamour. Uma das modelos, Reine Sutcliffe, disse à *Melody Maker*: "[a capa] faz com que a gente pareça um monte de putas velhas. É podre. Todas nós estávamos lindas, mas a foto nos faz parecer velhas e cansadas. A gente estava tentando parecer sexy, mas não funcionou." Reine está certa. Até mesmo meninos adolescentes, tradicionalmente pouco exigentes enquanto consumidores da forma feminina, não conseguiram achar nada de interessante nessa imagem.

Claramente a Track Records agiu sem consultar Jimi, mas devia haver algum plano. O que eles estavam pensando? Eles esperavam, suponho, que a foto (um trocadilho fraco com o título do álbum) pudesse ser suficientemente controversa para gerar alguma publicidade de graça em tabloides. Tentaram algo de parecido no verão anterior quando uma coleção de postais vitorianos e eduardianos insolentes foram usados para a propaganda do segundo single da gravadora, "Pictures of Lily", do The Who (o primeiro single foi "Purple Haze"). Stamp tinha achado os postais nas bancas de mercado da Portobello Road, e oito deles haviam sido arranjados para fazer um pôster espirituoso e visualmente atraente do The Who. Nenhum desses atributos poderia ser usado por alguém para descrever a capa de *Electric Ladyland*. O pôster de "Lily" foi bem-sucedido em todas as frentes: conseguia ser bacana e ainda manter-se em sintonia com a moda de massa das artes gráficas da Inglaterra. O estilo vitoriano era um gênero familiar em meados dos anos 1960 na Inglaterra, e o pôster falhou em fazer grandes estardalhaços. Mas na América, onde os gostos eram mais prudentes, a Decca Records o substituiu por um *cartoon* com os membros da banda.

A intenção de criar polêmica é a única explicação imaginável que consigo pensar para a capa de *Electric Ladyland*. A Track Records foi montada pelos agentes do The Who como uma distribuidora para seus discos, mas não se pode dizer que a Track favorecia o The Who em relação a Hendrix; em Monterey, por exemplo, houve uma briga medonha quando a Track dividiu os custos para trazer os amplificadores Marshall de Jimi para a Califórnia, mas insistiu que o The Who se virasse com os amplificadores Vox alugados localmente. As duas bandas dependiam do "rugido" dos amplificadores Marshall, e o set do The Who, por mais difícil que fosse — como já vimos —, foi mais bem recebido pelos críticos americanos do que o de Jimi, mesmo tendo ficado seriamente prejudicado.

A esperança da Track de criar controvérsias resultou em pouco mais do que ver a capa banida de algumas lojas provinciais em York, Hull e Bristol. Nos tabloides e jornais, como o *Mirror*, a capa rendeu alguns frutos, por assim dizer. No início de novembro o jornal noticiava:

DISCO DOS 20 NUS É BANIDO
Dois distribuidores baniram um novo disco pop — porque eles ficaram chocados com seu encarte.

O LP *Electric Ladyland*, de The Jimi Hendrix Experience, tem em sua capa oito mulheres nuas relaxando.

O outro lado do encarte mostra mais 12 em posições parecidas.

O dono da loja de York que baniu o disco, sr. Hugh Robertson, declarou ontem: "Isso foi longe demais. Não há necessidade de uma capa assim."

Mesmo que fosse esse o tipo de controvérsia que a Track esperava, é difícil imaginar como isso se converteria em vendas, ainda mais para um artista como Hendrix. Poucos entre o público alvo de Hendrix eram leitores do *Mirror*, ou sequer leitores que dariam qualquer bola para a opinião do *Mirror* sobre Hendrix. O jornal relatou a resposta da Track:

> ARTÍSTICO
> Um porta-voz da companhia que criou a capa, a Track Records, de Londres, respondeu: "A capa deve ser enxergada de um ponto de vista artístico."

O comentário da Track é tão fraco que a gente quase suspeita de um humor seco do *Mirror*, que costuma ser prosaico. "Artístico", de fato. Três semanas depois, aqueles que não estavam muito ocupados reexaminando a capa de um ponto de vista artístico puderam ler no *Mirror* de domingo:

> DISTRIBUIDORAS DE DISCOS FALAM MAL
> DE CAPAS SEXY
> Os distribuidores de discos da Inglaterra falaram mal ontem da nova moda de "vulgaridade" em capas de discos pop.
> O sr. Christopher Foss, secretário do Comitê de Varejo da Gramophone, disse que essa tendência só podia servir para rebaixar a imagem da indústria aos olhos do público.
> Ele afirmou que as 21 garotas nuas na capa do novo LP de Jimi Hendrix, *Electric Ladyland*, eram desnecessárias. "Esse tipo de encarte quase com certeza diminuirá as vendas do disco", disse Foss.
> Mas um porta-voz de The Jimi Hendrix Experience falou ontem à noite que mais de 35 mil cópias foram vendidas nos quatro primeiros dias desde o lançamento na Inglaterra."

A contagem dos corpos agora já chegava a 21, mas o detalhe mais interessante está no parágrafo final. Mesmo considerando-se que os números haviam sido exagerados, o álbum vendeu assim que chegou às estantes das lojas. É claro que isso aconteceu. Fãs leais de Hendrix o compraram na primeira semana — e teriam comprado mesmo que fosse embrulhado em papel lixa, jornal, ou em nada. Eles estavam esperando há um ano pelo novo disco e Hendrix tinha um número grande de fãs fiéis. Esse era um lançamento muito esperado de um grande artista e, como os dados da Track mostram, a última coisa de que o disco precisava era um fuzuê *à la* Pistols para conseguir a atenção da mídia de massa.

Não é à toa que Hendrix ficou tão aborrecido; antes de mais nada, a discordância simbolizava o abismo cada vez maior entre ele e seu selo, no que tangia à visão de seu status como artista. Desse ponto em diante, o maior investimento dos últimos anos de Jimi passou a ser a criação de seu próprio estúdio (em Nova York, não em Londres) como um espaço para onde pudesse se retirar e trabalhar sem ser interrompido pelo burburinho constante a seu redor.

Depois de ver a bagunça que a Track fez, Jimi enviou sua própria arte para a capa da Warner nos Estados Unidos. Mandou instruções claras e esboços, juntamente com fotografias da banda tiradas por Linda Eastman no Central Park. Entre as poucas palavras caracteristicamente educadas da carta que acompanhava o material, percebe-se um senso agudo de frustração, quem sabe até de nojo, com a Track: "Por favor usem TODAS as imagens... Qualquer outra mudança drástica a respeito dessas direções não será apropriada à música... Nós já temos problemas pessoais o suficiente sem termos que nos preocupar com esse layout, que é simples, mas efetivo."[25]

Como era de esperar, o departamento de arte da Warner não sentiu a menor obrigação de seguir as instruções de Jimi (exceto onde elas coincidiam com suas próprias intenções), mas a capa americana acabou parecendo, ao menos em parte, com o que ele esperava. E ela estava livre de nus que pareciam leprosos...

---

[25] Os esboços de Jimi foram reproduzidos nas p. 306-7 do livro *Electric Gypsy*, de Harry Shapiro.

5. Faixa a faixa

"Produzido e dirigido por Jimi Hendrix", é o que se lê no encarte. Ao considerar essa produção, devemos lembrar do formato em que *Electric Ladyland* foi lançado originalmente: em quatro lados em vinil. CDs apresentam as músicas em uma única sequência, obscurecendo a maneira como álbuns de vinil eram tradicionalmente estruturados e sequenciados. Cada lado de um LP era uma entidade separada, com uma dinâmica própria. Abria-se um lado com um estouro, e frequentemente guardava-se a faixa mais forte para o final, para terminar com uma explosão. Além disso, tinha-se que ter em mente que se qualquer lado tivesse mais de vinte minutos, perdia-se no volume e nos graves. Espalhada pelos quatro lados de um LP duplo, a sequência ficou assim:

Lado 1:	Lado 2:
And the Gods Made Love	Little Miss Strange
Have You Ever Been (To Electric Ladyland)	Long Hot Summer Night
Crosstown Traffic	Come On (Parte 1)
Voodoo Chile	Gypsy Eyes
	Burning of the Midnight Lamp

Lado 3:	Lado 4:
Rainy Day, Dream Away	Still Raining, Still Dreaming
1983... (A Merman I Should Turn to Be)	House Burning Down
Moon, Turn the Tides ... Gently Gently Away	All Along the Watchtower
	Voodoo Child (Slight Return)

Alterando a afinação

Quando nos referimos a quaisquer acordes e sequências, lembre-se de que as guitarras de *Electric Ladyland* eram afinadas um semitom abaixo (um truque que Hendrix adotou durante a primeira turnê americana do The Experience, no verão de 1967. A partir de então ele quase sempre tocava e gravava um semitom abaixo). Assim, quando tocava o acorde de Mi na guitarra — quando fazia o formato de um Mi —, ele na verdade produzia um acorde afinado em Mi bemol. Então quando falo, por exemplo, que "Crosstown Traffic" era em Dó sustenido, quero dizer que Jimi tocava um acorde nesse formato — com todas as qualidades específicas que o Dó sustenido produz na guitarra —, mas se você for acompanhá-lo tocando um instrumento com afinação-padrão, verá que a faixa na realidade *soa* como se fosse na tonalidade de Ré. Para o nosso propósito, a *forma* é muito mais importante do que a afinação; é a forma que dá a cada acorde na guitarra seu próprio som. A alteração da afinação só se torna um problema para alguém que queira tocar junto com o álbum.

Alterar a afinação traz certas vantagens. É um velho truque usado por guitarristas que tocavam em bandas de soul para tornar a guitarra (que é mais facilmente tocada nas tonalidades com sustenidos, por exemplo Sol, Ré, Lá e Mi) mais simples de se tocar nas tonalidades bemóis, mais apropriadas para sopros e metais (como Fá, Si bemol, Mi bemol, Lá bemol etc.). Se bem que Jimi usava esse sistema para deixar as cordas mais soltas e, logo, mais fáceis de manipular.

LADO 1:

"And the Gods Made Love"
Uma extravagância com voz gravada de trás para a frente, facilmente dispensável, exceto talvez quando se está viajando. Você tem ácido aí?

A música ocupa o mesmo lugar em *Ladyland* que sua prima "EXP" no álbum *Axis*. Legal da parte de Hendrix lançar logo a faixa mais estranha de cara, ao invés de escondê-la!

Os terrivelmente entediados e aqueles com medo de mensagens satânicas subliminares podem querer inverter e variar a velocidade da fala. O restante de vocês pode acreditar em mim quando digo que a voz é do Hendrix, dizendo: "… For a second… yeah somethin' like that… OK, one more time…" [Por um segundo… yeah… algo assim… OK, mais uma vez…]

Uma vez já é o suficiente.

"Have You Ever Been (To Electric Ladyland)"
Essa é uma das incursões mais bem-sucedidas de Hendrix no campo das progressões harmônicas sofisticadas e dos falsetes vocais em faixas duplas. Sempre muito sensível no que dizia respeito a sua voz, quando ele ouviu o playback, exclamou: "Eu consigo *cantar*!"

A faixa abre com o som de Jimi marcando a pulsação nas cordas da guitarra abafadas com uma reverberação pesada — *bam bam bam* — ralentando a reverberação para que as batidas de percussão fizessem um eco na região mais grave, como um trovão. Eis aqui evidências da faixa de eco separada da qual Jimi falava.

A canção é construída em torno de acordes de sétima menor[26] e fraseada com uma leveza de toque linda. É um bom exemplo do excelente senso de equilíbrio de Jimi como acompanhador. A música não é ornamentada demais nem de menos. As frases da guitarra dançam com os acordes, raramente tocando-os como blocos fechados, mas usando parte de sua forma básica como um ponto de partida para se acrescentar ornamentos e detalhes melódicos.

Essa abordagem polifônica à guitarra principal (ou também se poderia considerá-la uma abordagem melódica à guitarra rítmica) é um som altamente peculiar que se pode reconhecer mesmo por um trechinho breve, e apesar de ter sido copiado com muita frequência, não poderia ser de ninguém mais além de Hendrix.

A primeira coisa que se deve perceber (em quase toda música de rock) são as quatro pulsações por compasso. Guitarristas de base comuns podem tocar quatro dedilhados simples por compasso. Agora pense em um pianista, que em vez de tocar as notas com uma mão só, toca com as duas. Ao tocar essas mesmas quatro pulsações alternando as mãos (esquerda, direita, esquerda, direita), ele produz uma sensação de movi-

---

[26] A sequência principal na tonalidade de Lá maior passa por Dó sustenido maior com sétima, Si menor com sétima, Fá sustenido menor com sétima, e as respectivas tonalidades relativas maiores.

mento, uma vez que a mão esquerda toca as notas graves no piano e a direita, as agudas (grave, agudo, grave, agudo). Agora, o que Jimi faz aqui é dividir o compasso mais ou menos como se faz no piano. Na primeira pulsação ele toca a nota fundamental do acorde, na corda mais grave — uma única nota, não um acorde. Então, fraseando em algum ponto entre a segunda e a terceira pulsação (uma pulsação "gaga" ou "antecipada"), ele toca a parte aguda em talvez três cordas, as cordas mais agudas, de modo que temos o movimento do grave ao agudo. Na quarta pulsação ele toca um trechinho melódico, um trilo ou um arpejo, com ornamentos adicionados: desenvolvidos a partir do acorde anterior, eles irão se conectar ao acorde subsequente, que vai cair na primeira pulsação do compasso seguinte — e o padrão começa outra vez.

Na estrutura dos acordes e de texturas, "Ladyland" se relaciona a outras baladas de Hendrix como "Angel" e "Little Wing", mas os seus arranjos mais suaves e sincopados a colocam mais perto do estilo soft-soul do The Impressions ou de Curtis Mayfield do que de qualquer coisa que Jimi tenha gravado antes. Seus vocais se alternam entre uma voz única, uníssona, em faixas duplas e registros vocais normais dobrados em falsete. Essa faixa marca uma espécie de divisão no público de Hendrix. Suas baladas anteriores ainda eram claramente canções de rock, mas "Ladyland" bebia num estilo de música soul que não era familiar à maior parte dos jovens brancos fãs de rock cujo conhecimento de soul não ia muito além de Otis Redding e Sly Stone.

Antes do começo da carreira fonográfica de Jimi, um amigo de Chas, Keith Altham, expressou o medo de que a música de Hendrix fosse sofisticada demais para o público entender. Esse era justamente um desses casos. Adolescentes raramente são reconhecidos pelo seu entendimento de arranjos musicais sofisticados. E como um adolescente de 16 anos quando essa faixa foi lançada, eu mesmo achei que o soul influenciado por Curtis Mayfield, da faixa principal de *Electric Ladyland*, era difícil de classificar. Dava para ver que era bom — se não fosse por outra coisa, aqueles trechinhos floreados de guitarra eram bem difíceis de tocar —, mas se formos realmente honestos, do que gostávamos mais, mesmo, era o pop visceral e a exuberância da guitarra de "Foxy Lady".

Os fãs de rock precisavam de pelo menos uns dois anos para se familiarizarem. De fato, se você ouvir com atenção, essa música é puro Jimi, e não poderia ser de mais ninguém. Por mais que tentasse soar como o The Impressions, ele nem chega perto — apenas soa como ele mesmo.

De alguma forma, então, a visão original de Chas de um The Experience pop não era tão boba e ultrapassada quanto a imprensa cult retratou na esteira de todo o fenômeno rock underground de rádio. Chas, que compreensivelmente equacionava o sucesso com compactos que estourassem no mercado, teve a má sorte de ser pego no auge de uma mudança radical. Por volta de 1968, os compactos de 45rpm e todo aquele mundo de compactos de sete polegadas dos Beatles e do The Animals, que apenas dois anos antes estava no auge, já era uma coisa do passado, no que diz respeito ao público alternativo jovem. Esse foi o momento em que o mundo pop se dividiu em dois, com os compactos sendo considerados fichinhas, para adolescentes, e os LPs como território dos músicos sérios. Pela primeira vez, em 1968, os álbuns venderam mais do que os compactos.

Enquanto trabalhava no terceiro álbum de Jimi, a principal preocupação de Chandler era não perder os fãs que compravam compactos pop, que haviam sido tão essenciais para elevarem Hendrix ao topo das paradas. Para Chas, a fórmula era "se não tiver um single que seja um hit, o álbum não vai vender". A crítica underground considerou Chas um antiquado de uma era pop datada que queria prender Jimi num mundo ultrapassado de compactos de três minutos. Mas é só olhar para as fotos do público inglês de Jimi para ver que uma grande percentagem dele era de adolescentes. Isso não quer dizer que entre eles não houvesse adolescentes antenados; a questão é que eles eram consumidores de compactos. Na Inglaterra, você comprava compactos e ganhava LPs de presente de Natal! Chas estava defasado com o novo mercado, especialmente na América — mas não tanto quanto seus críticos alegavam. De qualquer forma, na época em que essa canção foi gravada, "Have You Ever Been (To Electric Ladyland)", isso não tinha mais nenhuma importância, já que ele havia abandonado o barco e deixado de ser produtor de Jimi.

"Crosstown Traffic"
Chandler chegou a produzir essa aqui — ou, pelo menos, a base que foi gravada no Olympic em dezembro de 1967. Na Record Plant, ela foi multiplicada de quatro para 12 canais, e Hendrix completou a produção.

Antes de se lançar no tema instrumental principal, a música abre com um ritmo pontuado criado com uma guitarra e um kazoo tocando em uníssono (na realidade, é aquele truque dos tempos de colégio, feito com pente e papel, que soa bastante como um kazoo). Aí entra a voz, e na primeira metade de cada estrofe Jimi canta sobre uma batida de bateria com a guitarra tocando apenas duas pulsações rápidas no início de cada compasso. Essa cadência de bate-e-volta era marca registrada do R&B dos anos 1960 — embora Mitch toque uma bateria sincopada mais complexa do que você encontraria em Otis Redding ou Don Covay.

Há um elemento pouco comum na guitarra de base — pouco comum para Jimi, pelo menos. Os acordes de guitarra são encorpados pelo piano (que Eddie Kramer diz ter sido ele quem mostrou a Jimi como tocar). Já que Jimi não era tecladista, a parte que ele tocava era extremamente simples — mas se encaixava lindamente na faixa. O piano serve principalmente para alterar a qualidade tonal da guitarra, mais do que para tocar uma linha musical com vida própria. Ao escutar cuidadosamente a introdução, pode-se ouvir alguma coisa que adiciona ataque e ressonâncias extras à guitarra de base. É o velho truque de Brian Wilson de construir um som único a partir de dois instrumentos.

Ouça a segunda parte de cada estrofe (o primeiro exemplo aparece na marca de 30 segundos) com fones de ouvido. O piano aparece claramente aqui. Cada um dos quatro acordes é tocado como uma única articulação e sustentado durante o compasso inteiro com o pedal do piano. É um som maravilhoso, sólido — a amplitude do som de um piano de cauda tocado com energia, bem gravado e comprimido.

Três desses quatro acordes seguem uma estrutura harmônica chamada de "ciclo das quartas", ou seja, cada acorde está quatro notas mais alto na escala do que seu antecessor. Jimi passeia por apenas três degraus, mas o ciclo completo de 12 acordes, como um relógio, é um dos recursos favoritos de improvisação do pessoal do jazz. Passe pelo ciclo inteiro no sentido anti-horário e recomece quando chegar a "meio-dia". Esse ciclo serve de base para dúzias de standards, de "Fly Me to the Moon" até "Still Got the Blues". Seguindo esse ciclo na direção oposta, você terá o ciclo das quintas — usado no primeiro sucesso de Jimi, "Hey Joe" —, no qual cada acorde (Dó, Sol, Ré, Lá, Mi) está cinco notas acima da precedente.

"Traffic" é uma de várias músicas em Dó sustenido, geralmente considerada uma tonalidade estranha para a guitarra. Jimi se inspirou nos riffs das músicas em Dó sustenido de Albert King, tais como "Born Under A Bad Sign" (a rigor, o riff de que Hendrix se apropria da gravação clássica de "Stax", de 1967, é na verdade a segunda guitarra de Steve Cropper). É possível ouvir essa influência mais claramente na faixa "Freedom", de *Cry of Love*, e de *First Rays*, que é o riff de Cropper descaradamente retrabalhado. Uma vez que você esteja familiarizado com ele, você também pode ver como ele está presente em "Crosstown Traffic" e "Long Hot Summer Night".

Dó e Ré são tonalidades "naturais" para guitarra. Entre as duas, Dó sustenido é a tonalidade menos natural que se pode ter no instrumento — e por isso produz sonoridades estranhas. Por outro lado, é conveniente para tocar as escalas clássicas do blues (pentatônicas), ainda que numa inversão pouco comum. As escalas geralmente começam na tônica, ou primeiro grau, assim, uma escala pentatônica de Dó sustenido será formada por: Dó sustenido, Mi, Fá sustenido, Sol sustenido, Si e Dó sustenido. Mas a guitarra tem a corda mais grave afinada em Mi, portanto a escala de blues de Dó sustenido pode começar não na primeira, mas na segunda nota da escala (Mi). Isso deixa qualquer músico inclinado a tocar certos fraseados especiais que não caberiam numa tonalidade mais "natural", como Mi — como acontece, por exemplo, em "Voodoo Chile".

"Voodoo Chile"
Se existe base nas alegações dos críticos de que *Electric Ladyland* é uma coletânea de jams de estúdio, essa canção épica de 15 minutos é a culpada. Na *Rolling Stone*, Tony Glover fez pouco dela, dizendo que era "o tipo de jam que você poderia

ouvir em qualquer clube" (eu bem que gostaria de ser sócio de um desses clubes), e no entanto "Voodoo Chile" se tornou uma das faixas mais adoradas de Jimi. Os convidados nessa faixa são Stevie Winwood (do Traffic), num órgão Hammond, e Jack Casady (do Jefferson Airplane), no baixo. Esses eram os últimos dias de uma época na qual músicos com contratos de um selo não deviam gravar com artistas de outro selo, daí a declaração cautelosamente pudica de Jimi:

> Começo com umas poucas notas rabiscadas em papel, e aí a gente vai ao estúdio e uma melodia é trabalhada e vários sujeitos dão palhas de sonzinhos deles mesmos. Talvez se você ouvir bem de perto você reconheça alguns dos sujeitos que estão trabalhando no fundo. Se isso acontecer, é melhor você ficar quietinho porque eles têm contratos com outras gravadoras.

O Scene Club de Steve Paul, no quarteirão ao lado da Record Plant, era o espaço para jams favorito de Jimi. Ele se aquecia no Scene, e uma vez que achava a batida certa, levava aquela energia para o estúdio; parece que não faltavam voluntários para ajudá-lo com essa tarefa. Até mesmo para os padrões de Jimi, o estúdio parecia estar excepcionalmente cheio aquela noite, entupido de músicos e de gente à toa. Winwood diz que havia tantos músicos lá, que eles fizeram uma fila do lado de fora do estúdio, esperando cada um por sua vez. Noel Redding diz que teve dificuldade em conseguir um lugar para sentar. Quando sugeriu a Jimi que talvez fosse mais fácil trabalhar com menos corpos por ali, Jimi só disse para ele desencanar. Talvez Noel tenha desistido e abandonado o estúdio. Casady, que estava com seu baixo semiacústico Guild, sua marca registrada, preencheu o lugar vago — até onde ele sabia, estava se juntando a uma jam de blues e não fazendo um disco. Winwood deslizou para trás do órgão Hammond e Hendrix tomou as rédeas, em um longo blues em Mi, mais ou menos lento.

Quando Hendrix começou um segundo e depois um terceiro take da música, deve ter ficado evidente que isso era mais do que só uma jam session: jams tipicamente pulam de um número para outro e as repetições são muito raras. Foram gravados pelo menos seis takes de "Voodoo Chile", embora vários deles tivessem sido interrompidos, e é o take final, acrescido de barulhos de multidão gravados por cima, que aparece no álbum.

Um dos takes começa deliciosamente lento, com a guitarra e o vocal muito mais lânguidos do que na versão que foi finalmente lançada, até de desembocar num solo intenso. Com quase nove minutos de duração, é a melhor das tomadas alternativas, mas na verdade é uma versão para "desbravar caminhos", com os músicos ainda se entendendo com as mudanças. Outros fragmentos são angulares demais, ou têm a forma livre demais, mas servem para mostrar Jimi trabalhando, se divertindo horrores no papel duplo de líder da banda e produtor. Como diz Eddie Kramer, "Jimi *adorava* gravar; ele se divertia". Às vezes ele estava afinando sua guitarra, estabelecendo o andamento, instruindo Winwood sobre o tipo de som de órgão que ele queria, se concentrando num ponto de reunião e rebatendo perguntas de Kramer da sala de controle:

EK: ... registrando do estéreo agora...
JH: [interrompendo a afinação] Hum? O quê?
EK: Deixa pra lá.
JH: Oh yeah... Mais uma vez, mais uma vez...

JH: [para Winwood] Será que podemos ter aquele acorde com que você já tinha começado... aquele acorde bem, bem, bem baixinho... Só você lá... Legal — yeah...

JH: [para a banda] OK, mais uma vez, bonita, bem lenta...

JH: [canta] "The night I was born..."

JH: [para a sala de controle] Esse não é o lugar certo... *Whoa, whoa*... Volta um pouquinho... *Whoa*, pera aí, você está no lugar errado, Edward.

A música não requer lá muita análise. Conceitualmente, mistura duas grandes paixões de Jimi, o blues de Chicago e a ficção científica, coisas interestelares. Jimi vinha tocando a parte principal de "Voodoo Chile" há anos, num estilo bem puro de Muddy Waters, como "Catfish Blues" ou "Two Trains Running". Como nessas músicas, a estrofe fica num pedal de Mi (sem mudança de acorde), mas em uma demo antiga Jimi tocava "Voodoo Chile Blues" como um blues convencional de 12 compassos.[27]

Dois pontos que merecem atenção: a faixa começa com um dos trilos patenteados por Jimi. Ele fica batendo na quarta corda, produzindo um trilo rápido entre a corda solta e a corda no traste (dois trastes acima). Ao alterar a velocidade, você pode fazer o trilo acelerar até se tornar indistinto ou ralentar até o fim. O grande barato dessa técnica é que: (a) você pode fazer com a mão nas costas (literalmente: você nem precisa tocar na corda) e

---

[27] Um fragmento da demo caseira de "Voodoo Chile" de Jimi aparece na caixa de quatro CDs *Lifelines*, lançada no Reino Unido como uma caixa com três CDs, *Live and Unreleased: The Radio Show, Castle,* 1989. Outros takes de *Electric Ladyland* incluem "Slight Return", "Come On" e "1983", mas desconsideram todas as informações no folheto sobre datas e números dos takes.

(b) soa incrível. É só comparar com o final do solo de Townshend em "I Can See For Miles".

Depois do breve solo de bateria, Winwood toca uma frase modal parecida com uma raga,[28] começando em 10'03" (dá para ouvir a ideia germinando a partir de 9'52", enquanto Hendrix ainda está tocando blues). Jimi toma conhecimento dela em 10'06", improvisando uma escala que mistura blues e música oriental. Em 10'11" ele descansa por um segundo, tocando um fragmento do trilo da introdução descrito acima (sempre útil como experiência antes de tomar uma nova direção), então se joga, trocando frases raga-rock com Winwood. Por volta de 10'25" eles já abandonaram o Oriente e estão começando a construir o clímax final da canção.

"Abaixa o volume dessa guitarra!"

LADO 2:

"Little Miss Strange"
As músicas de Noel Redding são frequentemente criticadas como distrações bobas que interrompem o fluxo mais sério do material de Hendrix, mas eu gosto delas — pelo menos do par que entrou nos álbuns do The Experience (se ouvirmos as outras músicas de Noel que não entraram em *Electric Ladyland*, é fácil entender por que ficaram de fora). Noel escrevia pop melódico comercial no estilo dos Beatles e da escola do Small Faces, com letras sem graça, mas quando elas eram trabalhadas pelo

---

[28] Raga são os sistemas modais, ou modos, da música indiana, no qual são estabelecidas as notas que podem ser usadas em composições ou improvisos. [N.E.]

The Experience acabavam soando mais como faixas do The Who. "Little Miss Strange" e "She Is So Fine" (a música símbolo de Noel Redding no *Axis*) oferecem a oportunidade de ouvir algo excepcional nos álbuns de Hendrix: Jimi trabalhando como coadjuvante.[29] Mas que coadjuvante!

As relações pessoais deterioradas entre Noel e Jimi poderiam facilmente ter diminuído o interesse de Jimi em trabalhar em "Little Miss Strange", mas ele fez um belo esforço. Suas ideias dão uma carga extra de energia ao que seria, de outra forma, uma música agradável, porém irrelevante. Ouçam as guitarras. Primeiro há aquela parte de harmonia adorável para duas guitarras na introdução. O timbre e o fraseado são, ambos, reminiscentes do trabalho de Randy California com o Spirit. Antes de Randy ir para o Oeste e formar o Spirit, ele havia sido o adolescente segundo guitarrista que Hendrix empregou em sua banda no Greenwich Village, Jimmy James & The Blue Flames. Como se poderia esperar, Hendrix continuou durante a vida inteira sendo uma influência para Randy. Para mim, o legado de Jimi tem a sua melhor representação no trabalho de Ernie Isley, nos álbuns dos Isley Brothers de meados dos anos 1970, em canções como "Summer Breeze". Ernie tinha 11 anos no momento em que Jimi estava tocando (e vivendo) com seus irmãos mais velhos, Ronald, Rudolph e O'Kelly, no verão de 1964. Jimi teria então 21 anos, e Ernie o considerava um irmão mais velho:

> Eu o via estudar o tempo todo e ficava me perguntando por quê, pois para mim ele não precisava. A gente dizia para tocar umas

---

[29] Noel toca violão em "Little Miss Strange" e, segundo Eddie Kramer, duas partes de guitarra elétrica de 12 cordas. A guitarra de Jimi é inconfundível.

músicas e ele só pegava a guitarra e ia em frente. Eu ficava pensando, "Quem é esse cara?". Em Monterey, ele tinha uma baita técnica... mas ele já tinha essa técnica toda em 1964 também.

Dos dois solos de Jimi em "Little Miss Strange", o primeiro se divide em quatro partes, cada uma com um timbre diferente de guitarra e uma identidade musical distinta. Foi gravado em abril e maio de 1968, durante a mesma sessão da Record Plant que produziu o solo final de "Watchtower", então a ideia de estruturar os solos em quatro "minimovimentos" estava obviamente muito presente na mente de Jimi.

O segundo solo tem duas partes. A primeira (2'04' - 2'23'') apresenta conjuntos de quiálteras lentamente subindo a escala — com exceção do set final, que começa em 2'17'' e é descendente. "Crie uma expectativa para depois invertê-la." (Essas quiálteras em ondas são reminiscentes da coda final, e desaparecem aos poucos na canção-título de *Axis*.)

Quatro compassos de guitarra seguem a seção de quiálteras antes de a música terminar com uma coda em tempo de valsa. Esse recurso — uma parte em $3/4$ no meio de uma música em $4/4$ — é uma característica das composições que ficou para sempre associada a 1966-67 e àquele período breve, inconfundível, quando os últimos suspiros do mod se encontraram com os primeiros momentos da psicodelia (antes de o pop se tornar rock, antes de a disciplina se perder e a escrita coesa de canções dar lugar a solos sem fim). Um bom exemplo de interlúdio ocorre na faixa do *Sergeant Pepper*, "Being For the Benefit of Mr. Kite" (em 1'00'', "of course Henry The Horse dances the waltz" [E é claro que Henry, o cavalo, dança a valsa]). Esse recurso é tão evocativo que parodistas, desde o The Rutles até o Spinal Tap, o utilizam para relembrar o período. Em outras palavras, é um *kitsch* de primeira.

"Long Hot Summer Night"

Uma das músicas mais simples do álbum, "Long Hot Summer Night" tem basicamente uma estrutura de três acordes (Dó, Fá e Sol) encorpados por alguns acordes a mais e muitas vozes atípicas, inversões que dão aos acordes comuns um som estranho (não tão estranho quanto a demo em que Jimi, tocando um violão de 12 cordas, simula um falsete no estilo de Leadbelly).[30]

É Hendrix no baixo, com Al Kooper tocando um piano gospel encantador, embora seja preciso se esforçar para ouvir alguma coisa do que ele toca. Depois da mixagem final, Hendrix disse: "Seu piano ficou quase totalmente submerso. Simplesmente aconteceu dessa forma, então o piano está lá para ser *sentido* e não para ser ouvido." O que é uma pena, considerando quão bem Kooper toca, mas não chega a ser um papel incomum para o piano em gravações de rock'n'roll. O pop que usa a guitarra como base muitas vezes usa um piano enterrado: na época anterior aos múltiplos canais, George Martin usava uma única nota de piano para corrigir uma nota vocal desafinada; o ouvido registra a melodia (com a nota afinada) do piano e ignora a nota desafinada na parte da voz. O compacto *Satisfaction*, dos Stones, é outro bom exemplo. O piano de Ian Stewart é inaudível no disco que chegou ao mercado, mas se você conseguir pôr as mãos nos takes que ficaram de fora, a história muda. Bem no primeiro plano, o piano toca uma parte simples, proporcionando uma plataforma sobre a qual todos os outros instrumentos de corda — violões, guitarras de base, guitarra solo etc. — trabalham. O piano estabelecia o clima e, à medida que gravavam o disco, libertava as guitarras de tocarem a base. Uma vez que

---

[30] Lead Belly, ou Leadbelly, foi um músico americano, um dos pioneiros do chamado "blues rural". [N.T.]

as partes de guitarra estavam todas gravadas, o som ficava suficientemente preenchido e o piano não era mais necessário.

Mas a observação de Jimi sobre "sentir" a parte de piano de Kooper em "Long Hot Summer Night" se refere mais ao efeito sobre o ouvinte do que aos músicos no estúdio.

O piano funciona menos como um instrumento rítmico e mais como uma das muitas partes vocais de fundo — "yeahs" e "ahs" — que perpassam a música. Ele rapidamente vem à tona na segunda estrofe (0'52"-54"), mas no resto, a não ser que se esteja ouvindo com muita atenção, você provavelmente não irá distingui-lo especificamente como um piano, e sim como apenas mais um dos sons diversos que acrescentam contracantos por trás do vocal principal.

"Come On" (Parte 1)

Trata-se de um cover direto de um ensaio de guitarra de Earl King da década de 1950, diferindo da original principalmente no timbre das guitarras. O timbre de King é staccato, abafado, enquanto o som de Hendrix ressoa a plenos pulmões com muito mais sustentação — uma consequência quase inevitável do volume no qual foi gravado. Ambas as versões foram quase que certamente tocadas em Fender Stratocaster, o que demonstra quanto o timbre é produto dos dedos de cada guitarrista. Seria fascinante saber o que Earl King teria achado de uma versão tão "hiperativa" de sua canção.

Levaram 11 takes para acertar "Come On". Os primeiros não são substancialmente diferentes — muitos param quando alguém erra ou quando Jimi não gosta de algo que está tocando —, mas o impulso, o *momentum*, está presente desde o início. Também está presente o espantoso zumbido, vazando sobre todas as faixas vocais e instrumentais, do amplificador de Jimi.

Ele é ensurdecedor nos takes que ficaram de fora, mas foi suprimido no definitivo por uma heroica redução de ruídos. Como na versão de estúdio de Jimi para "Gloria", esse zumbido, mais perceptível durante as passagens silenciosas, é resultado do fato de a banda ter usado um volume de som de palco no estúdio. Aquilo era o som do The Experience ao vivo, sem qualquer concessão às convenções de estúdio.

Apesar de seus versos com letra baseada no clássico de Nova Orleans, "Let the Good Times Roll", "Come On" na verdade bebe da fonte de peças instrumentais[31] para guitarra, como "Hideaway" e "The Stumble", de Freddy King: exercícios de guitarra (muitas vezes naquela tonalidade de Mi tão típica para o instrumento) especificamente planejados para encher um único número com a maior quantidade possível de efeitos virtuosísticos. Essas peças geralmente funcionam bem ao vivo. "Come On" era a típica música que agradava às multidões, que Hendrix tocava desde a adolescência; era uma das peças frequentes nos sets com suas bandas de colégio em Seattle, em lugares como o Spanish Castle (um clube local homenageado na música "Spanish Castle Magic", no álbum *Axis: Bold As Love*).

A maioria das partes instrumentais de guitarra no blues usa os registros médio e médio-alto — uma extensão na qual a guitarra ressoa mais intensamente, de maneira mais evocativa — enquanto que os instrumentais de surf music e country frequentemente lideram com melodias reconhecíveis tocadas nas cordas graves — mais nasais, mas de alguma forma ligeiramente mais pedantes. Como exemplos, pense em Duane Eddy, em

---

[31] Basta comparar as partes de guitarra, melódicas e inventivas, com a letra perfunctória, para ver onde foi despendido o principal esforço de composição.

inúmeros instrumentais de surf music e intérpretes tão diversos quanto Link Wray e Chet Atkins (e até certo ponto Dick Dale, embora ele mereça uma categoria própria). Hendrix gostava dos instrumentais de surf music (sua influência pode ser ouvida no tema principal de "Third Stone from the Sun"), mas ele não tenta fazer qualquer mistura de gêneros aqui. "Come On" é tocada como uma autêntica peça de blues para guitarra.

"Gypsy Eyes"

Um adorável exemplo da habilidade de Hendrix em fazer a guitarra se mover. *Ladyland* surgiu no início da popularização do som estéreo, quando truques de produção como panning (empurrar o som de um instrumento da extrema esquerda para a extrema direita, e vice-versa, de modo que pareça se mexer através do espaço sonoro) ainda eram uma grande novidade. Mas a sensação de movimento na execução de Hendrix vai além disso. Há uma real sensação de propulsão, de movimento para a frente. Não é que ele toque adiante da pulsação, e não tem nada a ver com a velocidade do fraseado, é só uma qualidade na sua maneira de tocar que cria uma rara sensação de impulso.

A faixa abre com o bumbo da bateria de Mitch marcando as quatro pulsações, e os pratos respondendo a cada batida. O resultado é uma espécie de marcha veloz e galopante. A primeira guitarra entra com o riff que era marca registrada de Hendrix, uma frase curta de guitarra impulsionada com um arranhar rítmico sobre as cordas abafadas. Hendrix "estrangula" as cordas com a mão que segurava o braço do instrumento, de modo que ao invés de produzir uma nota com uma altura definida, os dedos só abafavam as cordas. Esse som arranhado e percussivo — "chikka-chikka" — cai bem com qualquer faixa rítmica (Jimi frequentemente usava esse efeito para estabelecer o andamento de uma canção, como, por exemplo, "Voodoo Child [Slight Return]").

O que é único no uso que Hendrix faz da guitarra é a maneira com a qual ele mistura o arranhado e a execução dos acordes. Com a sua pegada relaxada — o dedão em torno das cordas graves —, ele só precisava soltar os dedos muito ligeiramente para abafar as cordas. Assim, sem precisar de qualquer movimento extra, ele conseguia alternar entre acordes e arranhados em alta velocidade. Essa é incontestavelmente uma das maneiras com as quais ele cria aquela sensação de impulso: a guitarra funciona tanto como um instrumento melódico quanto como um efeito de percussão que carrega a pulsação.

A estrutura de "Gypsy Eyes" muda de forma significativa entre a faixa do álbum e a demo (na qual uma letra inteiramente diferente, arranjada com uma sequência de acordes semelhantes a "Gloria", se assenta no topo de uma figura rítmica que parece "Down in the Bottom"[32], de Howlin' Wolf). A única coisa que permanece igual é o ritmo arranhado e seu impulso percussivo.

Quando entra a voz, aparece outra das marcas registradas de Hendrix — o cantar em scat[33] uníssono com a guitarra. Por baixo da parte vocal, se ouve a guitarra principal, fraseando nota a nota com a voz. Esse também era um dos truques favoritos de Jimi ao vivo, bem demonstrado na versão de Monterey de "Rock Me Baby". Naquela música bastante insignificante, tocada exaustivamente por todas as bandas da época da explosão do

---

[32] Que eu saiba, existem duas demos para "Gypsy Eyes". Ambas usam a progressão de "Gloria", Mi, Ré, Lá, para a estrofe, e acordes de Sol, Lá e Mi para o refrão.

[33] Scat é uma técnica de canto popularizada por Louis Armstrong, em que o vocal é cantado sem palavras, com sílabas soltas ou sons sem sentido, fazendo com que a voz se equivalha a um dos instrumentos. [N.T.]

blues, é trazida à vida um timbre lindo de guitarra, levada pela exuberância da banda.

É fácil ouvir a combinação de guitarra e scat vocal, já que em "Gypsy Eyes" não existe baixo na primeira parte, apenas a bateria de Mitch e Jimi (como muitas músicas do álbum, "Gypsy Eyes" não usa a tradicional estrutura estrofe/refrão, de modo que é mais fácil falar em "partes"). A próxima parte, começando em 0'28'', é fortalecida pela entrada do baixo. A guitarra "arranhada" reaparece, dessa vez em overdub, como uma parte separada e colocada mais alta na mixagem, para dar mais ênfase.

"Gypsy Eyes" é uma comovente canção de amor para a mãe de Jimi. Assim como em muitas de suas baladas, a noção central da canção é a salvação — "Meus olhos ciganos me encontraram e eu fui salvo... Senhor, eu te amo" [*My gypsy eyes has found me and I've been saved... Lord, I love You*] —, mas Jimi está lidando com uma forma específica de salvação. Nascido durante a guerra, de uma mãe adolescente, Jimi foi criado por "tias", subindo e descendo a Costa Oeste até que pudesse se juntar ao pai, que foi dispensado do Exército no final de 1945.

> I remember the first time I saw you
> The tears in your eyes were like they was tryin' to say
> 'Oh Little Boy, you know I could love you
> But first I must make my getaway'[34]

Em outras músicas, as letras de Jimi, no que concerne às mulheres, frequentemente caem em uma destas duas ca-

---

[34] Eu me lembro a primeira vez que te vi/ As lágrimas nos seus olhos pareciam estar tentando dizer/ 'Oh, menininho, você sabe que eu poderia te amar/ Mas primeiro eu tenho que fugir'.

tegorias: canções laudatórias para salvadoras quase místicas ("Angel", "Little Wing" etc.) ou canções de lamento ligeiramente brincalhonas como "Crosstown Traffic". As críticas a respeito da atitude de Jimi em relação às mulheres ignoram muitas músicas de amor genuinamente afetuosas (frequentemente endereçadas a Kathy Mary Etchingham), como "The Wind Cries Mary", "1983" e até "Foxy Lady". Hendrix tem sido acusado de perpetuar os estereótipos da santa e da puta, e já se fez muito alarde com análises feministas das suas letras. Inevitavelmente, Jimi não se sai muito bem delas — e, a meu ver, existe pouco valor em preparar uma defesa de sua obra para uma crítica que na verdade nem existiu durante sua vida.

"Burning of the Midnight Lamp"

Na verdade, "Midnight Lamp" não faz parte de *Electric Ladyland* — aliás, nem faz parte do LP anterior, *Axis: Bold As Love*. É um compacto inglês que data do período entre o primeiro álbum de Jimi e *Axis*.

O lar espiritual de *Electric Ladyland* é Nova York em meados de 1968, e "Midnight Lamp" é um produto do auge do verão de 1967. Foi um sucesso no Reino Unido em agosto daquele ano (e chegou ao número vinte nos Estados Unidos mais de um ano depois, como o lado B de "Watchtower"). Durante os anos 1960, os selos ingleses e americanos estavam em lados opostos no que diz respeito à inclusão de compactos de sucesso nos álbuns. Os álbuns americanos incluíam compactos recentes, enquanto na Inglaterra estes eram deixados de fora, já que os álbuns eram considerados entidades em si e não uma coisa qualquer onde se jogavam músicas que o comprador já tinha em 45rpm. As versões americana e inglesa de *Are You Experienced* oferecem um exemplo perfeito disso. O LP americano (da Reprise Records) omitiu "Red House", "Can You See Me" e "Remember" do original da Track Records para dar lugar a "Hey Joe", "Purple Haze" e "The Wind Cries Mary". No entanto, *Electric Ladyland* foi lançado com o mesmo formato nos dois lados do Atlântico e, seguindo a linha americana, usou o álbum para deixar o público americano a par dos compactos ingleses de Jimi.

Jimi falava às vezes em regravar "Midnight Lamp": a letra tinha significado pessoal para ele, mas havia sido enterrada na mixagem final. Ele sentia que a impressão do disco de sete polegadas sujava a faixa e fazia com que a música perdesse o impacto. Eu imagino que essa seja uma observação de último minuto, devido provavelmente ao fato de o disco não ter atingido o topo das paradas no Reino Unido (chegou só ao número 11, enquanto todos os três primeiros compactos chegaram aos dez primeiros). Ele poderia facilmente ter gravado uma nova versão durante as sessões de *Electric Ladyland* se estivesse totalmente convencido, mas duvido que ele tenha pensado nisso. A cada estágio de sua breve carreira, Jimi sentia que o tempo estava passando rápido. Ele vivia dizendo que a sua música — mesmo a de apenas seis meses antes — não era representativa, de modo que lá pela primavera de 1968, "Burning of the Midnight Lamp" já devia parecer totalmente desatualizada.

LADO 3:

"Rainy Day, Dream Away"
Imagine Jimi debruçado em sua janela, curtindo tudo. A letra foi escrita (ou iniciada) na Flórida, enquanto olhava através de uma janela chuvosa de motel, como bem diz a letra, ou, segundo

Eddie Kramer, no carro, enquanto voltava do decadente Miami Pop Festival.[35]

Esse é um adorável exemplo de como criar alguma coisa do nada — invocando uma música a partir de pouco mais que um improviso. Jimi tinha uma noção muito clara do groove que queria, e ficava de olho para encontrar os músicos certos. Nenhum membro do The Experience toca nessa faixa; os músicos de apoio foram recrutados de uma banda chamada The Serfs, que estava gravando num estúdio vizinho ao Record Plant. Quando Jimi os ouviu, reconheceu ali músicos que trabalhavam na noite e vinham tocando esse tipo de música há anos, e sabia que seriam perfeitos para o estilo de shuffle descontraído que tinha em mente. Ao organista Mike Finnegan juntaram-se Larry Faucette e Freddie Lee Smith, nas congas e no sax.[36] O "rei do shuffle", Buddy Miles (futuro membro da Band of Gypsys), tocou bateria de gutbucket.[37] Não há baixo: Finnegan se encarregou do registro grave com a mão esquerda tocando uma parte de baixo no teclado inferior do Hammond, enquanto improvisava no teclado de cima com a mão direita.

A faixa abre com o som dos músicos se aquecendo. Finnegan cria um clima de jazz e blues suave e clássico e todo

---

[35] Imagens de água e mundos submersos dominam o segundo disco do álbum duplo (nos discos de vinil, lados 3 e 4; no CD, da faixa dez em diante). Quando se examina a obra de Jimi como um todo, os elementos fogo e água parecem estar bem mais presentes do que terra e ar.

[36] No original o autor usa o termo *horn*, que traduzido literalmente significa trompa. Entretanto, em inglês o termo também é usado para designar o naipe de sopros e/ou metais de bandas de jazz em geral, e aqui, muito provavelmente, se refere ao saxofone, já que este era o instrumento principal de Freddie Lee Smith. [N.T.]

[37] Gutbucket é um tipo de jazz com muita improvisação. [N.T.]

mundo vai atrás. A tosse rítmica de Jimi bota ordem na casa, e a primeira parte da canção passa a ser liderada pelo sax. Logo entra a guitarra de Jimi trocando perguntas e respostas com o sax, em um diálogo estilo gospel. Jimi se diverte em "Hey Man It's Raining", um rap copiado de Bill Cosby.

Repare no som limpo da guitarra de Jimi (aqui ele está tocando através de um amplificador Fender pequeno de 30 watts, que tem um timbre bem diferente do rugido de seu Marshall de 100 watts). Mesmo quando ele tira um som limpo e se inclina para um jeito de tocar mais jazzístico, seu estilo é profundamente enraizado no blues. Suas frases de guitarra são articuladas e proporcionais. Ele nunca embroma: em nenhum momento ele se deixa levar por aquelas horríveis torrentes de notas sem sentido — "técnica pela técnica" — que tão frequentemente atingem tanto os guitarristas de jazz que tentam tocar rock quanto os guitarristas de rock que aprendem um pouquinho de jazz.

As perguntas e respostas se transformam em uma conversa a três entre Jimi, o sax e o órgão Hammond até mais ou menos a marca de 2'10", onde começa a segunda parte da música. Os músicos trabalharam nessa gravação de base sem a ajuda dos vocais e das linhas de guitarra (que Jimi adicionou mais tarde) para marcar as transições, mas eles entenderam suas deixas com a maior facilidade — as duas mudanças principais aparecem em 2'10" e 3'09" — e conseguiram fechar a versão definitiva no terceiro take.

Usando o pedal wah-wah, Jimi termina a gravação com uma guitarra que dialogava maravilhosamente. Uma das muitas acrobacias em seu repertório era a "talking guitar" [guitarra falante] (acrobacia é a palavra certa, e nas mãos de Jimi elas raramente soavam como truques antiquados, já que seu senso de humor era tão central em sua persona musical). A "talking guitar" imita as entonações e inflexões do discurso falado.

O grande acorde aos 3'09'' marca o início de um fade lento, mas também marca o ponto de edição no qual a faixa 13, "Still Raining", começa.

"1983... (A Merman I Should Turn to Be)"

Essa faixa estendida começa com uma das minhas introduções favoritas de Hendrix. Não é uma peça virtuosística complexa como a maravilhosa introdução de "Little Wing" — de fato, ela tem apenas quatro ou cinco acordes, enquanto "Little Wing" tem mais do que uma dúzia —, mas possui um adorável senso de equilíbrio, apresentando os acordes que vão aparecer e estabelecendo a tonalidade da música que virá a seguir. A demo de Jimi mostra que ela foi tão cuidadosamente composta quanto a canção que a precede. Cada nota está lá, na demo, até mesmo aquela ligadura descendente na introdução (0'05'', no CD), que eu sempre havia tomado como um clássico *glissando*, jogado a esmo.

A primeira parte (0'06''- 0'19'') é uma melodia simples tocada sobre uma sequência de acordes deliciosa (de Lá para Lá menor com sétima; de Ré para Ré menor com sétima) tocada por uma guitarra solo, acompanhada por vários efeitos. Mitch introduz a segunda parte, estabelecendo um andamento de marcha lenta, com um padrão em estilo militar na caixa clara, em ²/₄. Uma segunda guitarra traz o imponente tema principal (0'20''- 0'32''), uma melodia de quatro compassos que reaparece para o refrão. Preste atenção no baixo de Jimi, também.[38]

---

[38] Assim como a flauta de Chris Wood, o baixo está muito claro na mixagem alternativa de "1983", da Lifelines.

Na verdade, existem duas guitarras tocando esse tema em uníssono. Ainda fico maravilhado cada vez que ouço com fones de ouvido, pela quantidade de trabalho que entrou nesta faixa, pela notável atenção a todos os detalhes. Ouça, por exemplo, o riff principal (0'20''-0'32''). É difícil transmitir a não guitarristas quanto tempo leva para se fazer dois timbres de guitarra combinarem tão perfeitamente, e 99% das vezes você nem percebe que *há* dois.

Existe um excesso de atenção ao detalhe em detrimento do todo? Eu adoro incrivelmente esta faixa, mas às vezes me pergunto se ela causa o impacto que deveria. Será que poderia ter soado mais ampla se tivesse contado com mais músicos? Até onde posso julgar, é apenas Mitch na bateria, Jimi no baixo, Jimi criando efeitos sonoros com Eddie Kramer e centenas de Jimis na guitarra.[39]

Potencialmente, esta é uma das melhores peças de Jimi. Uma escuta cuidadosa revela a qualidade de sua imaginação musical — sua habilidade em pensar orquestralmente, a profundidade de trabalhar em três dimensões quando a maioria de seus colegas só trabalhava em duas. Mas será que isso é aparente, sem uma audição bastante cuidadosa? Idealmente, deveria ser: não são muitas as pessoas que andam por aí usando fones de ouvido.

Será que uma letra mais focada e acessível teria ajudado? Talvez. A letra pode ser uma baboseira inspirada por ácido, mas

---

[39] A flauta de Chris Wood também está lá, mas mixada muito baixinho. Mal dá para ouvi-la, retrucando às palavras "hurrah I wake from yesterday". O Traffic estava gravando com Jimmy Miller em outro local na Record Plant, o que explica por que seus integrantes estão tão bem representados neste álbum.

a visão musical de Jimi é excepcional. Kathy Etchingham escreve de um jeito engraçado sobre isso em seu livro *Through Gypsy Eyes*. Eles estão sentados na cama, e Jimi está muito orgulhoso de ter conseguido transcrever no papel a sua última visão (Atlantis, será?):

> Ele me leu a letra... "So my love Katherina and me decide to take our last walk through the noise to the sea, not to die but to be reborn, away from lands so battered and torn, for ever..." [Então, meu amor Katherina e eu decidimos fazer a nossa última caminhada através do ruído do mar, não para morrer, mas para renascer, longe de terras tão golpeadas e divididas, para sempre...]. "O que você acha disso?", ele me perguntou. "I'm not coming... you can go to the bottom of the sea by yourself" [Eu não vou... você pode ir para o fundo do mar sozinho].

A estrofe é cantada sobre um padrão de acordes descendentes: a partir de Ré, Jimi vai descendo em semitons, enfeitando a sequência (Ré, Ré bemol menor, Dó, Si menor, Si bemol, Lá) com algumas notas a mais e dispondo os acordes de forma precisa. Em vez de tocar os acordes nos compassos, convencionalmente, ele tira proveito de seus dedos longos para fazer os acordes de sétima menor ao colocar um único dedo atravessando os trastes. Essa é a maneira mais fácil de visualizar a coisa. Na verdade, ele faz uma pestana com o polegar apertando a corda de baixo, e o primeiro dedo de sua mão direita dedilha as outras cinco cordas. É como se você fizesse uma forma de "O" com o dedão e o primeiro dedo. É só olhar qualquer filmagem ao vivo e você vai vê-lo fazendo isso.

Em seguida vem a parte que é puro Hendrix. Executar um acorde de sétima menor dessa maneira deixa muito espaço para adicionar mais notas na parte superior. Você fica com três dedos livres para tocar o que lhe der na telha. Jimi gostava de usá-los para tocar notas acima da pestana — principalmente na primeira, segunda ou terceira cordas —, produzindo uns acréscimos melódicos que se entrelaçam aos acordes. Chamá-los de ornamentos, notas de passagem ou trinados dá no mesmo, mas o efeito é lindo. Em vez de acordes crus, estáticos, ele consegue criar movimento rítmico e melódico dentro do acorde.

Aos 04'19" a canção termina — dá para ouvir o ponto de edição na fita — e seguem-se alguns minutos de efeitos sonoros.

"Moon, Turn the Tides... Gently Gently Away"

Evidentemente "Moon" não é uma faixa separada de verdade, mas sim o segundo movimento do ciclo "1983/Moon/1983", concebido como um todo, gravado em uma única sessão (em 22 de abril) e mixado em outra. Ela faz mais sentido como a parte central de uma peça composta, ou pelo menos faz tanto sentido quanto possível.

A primeira metade de "Moon" não tem acordes, nem movimento algum no baixo. As várias melodias flutuam sobre o pedal de uma única nota, como uma das peças modais de Miles Davis. Isso é drone music,[40] só que não há um *drone*, é uma insinuação de drone music. O baixo e a flauta improvisam melodias e oferecem textura. O que é interessante é que mesmo esse trecho, tão etéreo, foi planejado — escrito, se preferir — em forma demo, onde frases fundamentais da guitarra aparecem intactas (por exemplo, a distinta frase "oriental", 0'46"- 0'56" no CD).

---

[40] Drone music é um estilo musical que se utiliza de sons sustentados ou repetidos. *Drone* é um efeito que sustenta um som continuamente dentro de uma peça musical, por meio de pedais ou modulação eletrônica. [N.E.]

"1983/Moon" é também uma performance feita na mesa de mixagem. Em sessões épicas, tudo teve que ser mixado em tempo real, de uma só vez. Se uma mixagem perfeita fosse estragada nos últimos dez segundos, tudo seria desperdiçado. Hendrix e Kramer esvaziaram o estúdio, configuraram a mesa e mixaram todo o lado 3 do vinil em uma única sessão de 18 horas. Segundo Eddie Kramer:

> Era uma peça completa. Uma performance. Ele pegava seus vocais e alguns de seus efeitos de guitarra e eu fazia a bateria e seus outros efeitos de guitarra e, no geral, cuidava da coisa toda para que não desmoronasse. Ficávamos rondando a mesa de edição feito moscas. Era uma criação… que ia além daquilo que já havia sido gravado.

Será que esta faixa ficou excessiva? É difícil criticar os costumes de uma época tomando como parâmetro os de outra, e essa *foi* uma época de ácidos e experimentação. Vários gêneros de música dos anos 1960 e 1970 dependem de o ouvinte estar tomando as mesmas drogas que o artista para apreciá-los — mas em última instância o que conta mesmo é: Soa bem? Nesse caso, eu responderia: "Às vezes." Não é uma faixa que eu vá correndo ouvir, embora, quando se está no clima, toda a sequência soe muito bem dentro do contexto. "Moon" certamente poderia sofrer alguns ajustes: eu pensaria em usar os primeiros 60 segundos, em seguida, a seção 3'21''- 3'55'' (ou talvez 4'40'', para preservar o lindo solo de baixo de Jimi), e aí pularia para 5'36'', deixando-a rolar para a parte vocal final, iniciando um lento fade em 6'45'' e terminando antes da marca dos sete minutos. Isso daria certo. Mas não havia ninguém lá para "editar Jimi", e Eddie Kramer é que não iria criticar seu chefe.

Chas Chandler, é claro, teria cortado "Moon" na sala de controle mais rápido que um raio, mas é por isso que ele não está no álbum e "Moon" está.

LADO 4:

"Still Raining, Still Dreaming"; "Rainy Day, Dream away" — faixas 10 e 13.
Uma continuação direta da faixa 10 começa na marca 3'09" de "Rainy Day", com mais da deliciosa vocalização wah-wah. Seja lá por que razão, Hendrix decidiu que era melhor dividir a música em dois do que ter uma única faixa de oito minutos: possivelmente, programada como uma peça única, poderia ter soado muito como dois longos improvisos com uma breve seção de vocal encaixada no meio — uma estrutura A/B/A com B (a seção realmente longa) indo de 2'10" até aproximadamente 3'00" da faixa 10.

No tempo do vinil, as faixas 10 e 13 eram as faixas de abertura dos lados 3 e 4, e mal se notava a repetição. Temas que se repetem são definitivamente uma das características de *Electric Ladyland*. "Voodoo Chile" fecha o lado 1 e faz um "rápido retorno" para fechar o lado 4; "1983/Moon" tem uma estrutura circular que volta a "1983".

"House Burning Down"
Algumas das letras de *Electric Ladyland* são difíceis de entender. Ao cantar — e quando fazia declarações no palco — Jimi tinha uma tendência a enrolar as palavras, para apressar sua dicção. Como naquele outro grande álbum duplo, ainda mais liricamente indistinto, *Exile on Main Street*, essa falta de clareza não atrapalha nem um pouco a nossa fruição. Tal como acontece com

Exile, as letras de Jimi funcionam muitas vezes como sons, como formas; o tamanho das sílabas é tão importante quanto o seu significado.

"House" não sofre tanto quanto algumas outras faixas. Ainda bem, já que é uma das letras de Jimi mais bem construídas: um apelo à moderação nos motins raciais que estavam varrendo os guetos das grandes cidades norte-americanas durante aqueles verões quentes e longos. Ainda assim, algumas questões se impõem. Em 1'12", por exemplo, ele pula para sua *"chariot"* [carruagem] ou, como querem alguns escritores, para seu *"jag"* [Jaguar]? Nunca se pensa muito em Jimi como um motorista. Sua visão era ruim e ele se recusava a usar óculos. Quando acontecia de ele dirigir, normalmente acabava largando o pobre veículo de encontro a uma árvore ou de cabeça para baixo em um valão. E então ele saía e comprava outro carro...

Uma das características mais notáveis das revoltas de cunho racial da década de 1960 é que os manifestantes queimaram seus próprios bairros. Eles não partiram para as partes prósperas da cidade ou para as casas das pessoas que eles julgavam oprimi-los, mas queimaram os guetos de Los Angeles, Detroit, Washington etc. À medida que a temperatura subia, sabe-se que os Panteras Negras (logo que, um tanto tardiamente, tomaram conhecimento de sua existência) pressionavam Jimi para que fizesse "contribuições" à causa, e na verdade Jimi já estava sendo cobrado por seus próprios empresários. Nada em seu trabalho sugere que ele tivesse lá muito interesse na militância política, fosse ela negra ou branca, e seus antigos amigos confirmam que ele quase nunca falava sobre questões de cor. Sua posição em relação aos tumultos parece mais próxima à de Martin Luther King:

The truth is straight ahead
So don't burn yourself instead
Try to learn instead of burn
Hear what I say…[41]

Mais do que para a política, seu interesse parece ter se inclinado para o misticismo. É claro que metade do mundo da música estava se expressando em termos quase místicos durante o final dos anos 1960, e teria sido interessante ver durante quanto tempo Jimi manteria esse modo de expressão particularmente aéreo, caso tivesse vivido por mais tempo.

Como Harry Shapiro aponta em *Electric Gypsy*, mesmo na mais realista das canções de Jimi, ele não consegue manter seus interesses místicos *sci-fi* totalmente afastados. Jimi se segura o máximo que pode… ele tenta… mas, em seguida, no verso final, na última estrofe — o que é esse som gigante? É Jimi fazendo o seu número de "nave espacial aterrissando". Como era de esperar, um motim perfeitamente respeitável se transforma em ópera espacial: "a giant boat from space lands with eerie grace and take all the dead away" [uma gigante nave espacial aterrissa com uma graça estranha e leva todos os mortos embora], ao que Jimi fere seu poderosíssimo compasso martelando um forte trinado. E é claro que Jimi faz um efeito de guitarra maravilhoso para simular a descida da nave — um Doppler descendente (2'51''). Eu suponho que a dialética é mais difícil de expressar em som do que de qualquer outra maneira…

Quando questionado diretamente sobre questões raciais, Jimi preferia responder naquela linha estritamente paliativa de

---

[41] A verdade está sempre à frente/ Então não se queime, em vez disso/ Tente aprender em vez de queimar/ Ouça o que eu digo…

"rock'n'roll não tem cor", mas ele não precisava de ninguém para lembrá-lo sobre o que era ser um homem negro nos Estados Unidos. Mitch Mitchell conta histórias de viagem de quando o The Experience, que era um grupo mestiço, parou em um restaurante de beira de estrada no sul do país. Jimi nem sequer se deu ao trabalho de sair do carro. Ele sabia, sem nem olhar, o que iria acontecer. Ele nem sentia raiva, só uma ironia divertida. As palavras-chave nesta canção provavelmente vêm do personagem que diz: "estamos cansados e enojados."

Tenho a impressão de que Jimi simplesmente não estava interessado em questões raciais e preferia não pensar sobre elas. Uma vez perguntei a Steve Cropper sobre a questão de bandas mestiças — se o Memphis Group (Booker T e os MGs), com membros de diferentes raças, por acaso teve problemas nos estados do Sul no início dos anos 1960 — e ele nem sequer considerou a pergunta digna de resposta.

Jimi foi profundamente afetado pelo assassinato de Martin Luther King. Ele estava fazendo um show em Newark, e depois que a notícia chegou, ele abandonou seu set de sempre e ficou apenas improvisando blues instrumentais. Embora pareça grosseiro dizer isso numa situação dessas, é uma pena que não exista nenhuma fita, pois todos os que estavam lá naquela noite dizem que Hendrix criou música de beleza notável.

King foi baleado no motel Lorraine, em Memphis, no mesmo motel usado por Steve Cropper para escrever sessões com cantores convidados.[42] Do outro lado da cidade, no bairro onde

---

[42] Cropper escreveu "Knock On Wood", com Wilson Pickett, durante uma tempestade elétrica ("It's like thunder/ lightning/ the way you love me is frightening" [É como trovão/ relâmpago/ o jeito como você me ama é assustador].

ficava o estúdio Stax, a notícia do tiro foi o estopim de um clima bem assustador. Ike Hayes ficou seriamente preocupado com a segurança de Duck Dunn e Don Nix (músicos brancos). Ele mesmo os levou para casa, imaginando que nunca conseguiriam sair do bairro, a não ser que estivessem acompanhados.

Há rumores persistentes de que existe uma fita cassete de Cropper e Hendrix. Jimi tinha tocado com Cropper anos antes de partir para a Inglaterra (embora a existência dessa sessão de estúdio, supostamente em Nashville ou Memphis, seja incerta). Tal fita seria fascinante, por isso fiz questão de perguntar a Cropper se ele lembrava de quaisquer encontros com Hendrix antes de ele se tornar um astro. Sua memória era clara.

Steve Cropper:

> Jimi entrou no Stax um dia, e alguém disse: "Tem um cara aí na frente que quer te ver." Bem, isso costumava acontecer uma ou duas vezes por dia, regularmente, e aí diziam para eles: "Bom, olha só, o Steve é muito ocupado, mas se tiver um tempo, ele vai tentar vir até você." Acho que não estava gravando nada naquele dia, mas eu estava lá atrás fazendo a edição de uma fita e mais um monte de coisas, e eu esqueci dele completamente. Esqueci que tinha alguém esperando. Numa situação dessas, sem ser grosseiro, eu sempre imaginei que quando chegasse a um certo ponto uma secretária iria sair e dizer: "Desculpe, mas o sr. Cropper não vai ter tempo para vê-lo hoje", e — *boom* — resolvido.
>
> Então, saí finalmente por volta das cinco horas... uma das meninas ainda estava lá e disse: "Você viu aquele cara que queria falar com você hoje?" Eu disse: "Não, por quê? Ele ainda está por aí?". E ela respondeu: "Está, sim, ele só atravessou a rua para arrumar alguma coisa para comer, na esperança de ainda conseguir te ver", e acrescentou: "Acho que ele é de fora da cidade, não é

um cara local". E eu me senti muito mal, sabe, que alguém tivesse ficado sentado lá durante o dia inteiro. Bem, de qualquer maeira eu estava com fome, então fui até lá e me apresentei, e ele disse: "Sim, eu toco um pouco de guitarra, em Nova York, em alguns lugares". E eu disse: "Uhhh, legal, você tocou onde mesmo?". E ele nomeou algumas coisas, e mencionou um disco de Don Covay, *Mercy Mercy*.[43] Eu disse: "Você tocou nesse?!" Era um dos meus discos favoritos — aquele efeito [lick] que está lá, aquele efeito maneiro da introdução. Então nós comemos e eu disse: "Por que você não vem ao estúdio?"

Ele não tinha uma guitarra, e é claro que era canhoto, mas pegou uma das minhas e virou de cabeça para baixo, e tentou mostrar aquele efeito — de cabeça para baixo! — que eu nunca cheguei a sacar... Mas enfim... A gente ficou amigo, mas a gente nunca fez nenhuma gravação ou coisa assim, como diziam naqueles livros. E depois disso a gente se esbarrou algumas vezes na estrada. Na próxima vez que o vi, eu estava tocando em Monterey com Otis, e ele era JIMI HENDRIX!

"All Along the Watchtower"

Kathy Etchingham diz que Hendrix adorou *John Wesley Harding* desde a primeira vez que o escutou, e falava com frequência em gravar uma música do álbum como um single. A única questão era: qual delas?

Fã de Dylan desde os seus dias no Village, Hendrix vinha realizando covers do material dele bem antes de o The Experience ter sido formado, em particular dois compactos de Dylan

---

[43] "Mercy Mercy" (também conhecida como "Have Mercy") era parte do set nos primórdios do The Experience, antes de Jimi ter escrito material original suficiente para um set.

de 1965, "Like a Rolling Stone" (que ele levou de seus dias em Greenwich Village para o set do The Experience) e sua sequência menos conhecida, "Can You Please Crawl Out Your Window?".[44] Agora, em 1968, Hendrix não era mais um completo desconhecido fazendo covers de singles famosos, mas um artista que, à medida que se equiparava ao próprio Dylan, era perfeitamente capaz de transformar faixas de álbuns em singles de sucesso.

A ascensão de Hendrix à fama coincidiu com a ausência de Dylan no estúdio e nos palcos após seu acidente de moto de 1966. Efetivamente, Dylan ficou fora do ar durante todo o ano de 1967, sem lançar discos, sem fazer shows, fazendo apenas gravações caseiras com os músicos que em breve viriam a se tornar o grupo The Band. Assim, o disco pós-acidente, *John Wesley Harding*, foi o primeiro álbum de Dylan a ser lançado depois de Hendrix ter se tornado um astro.

O início de 1968 foi um momento privilegiado para fazer covers de Dylan. O lançamento de *John Wesley Harding* no final de dezembro de 1967 trouxe uma dúzia de novas canções, e dentro de poucas semanas mais 14 surgiram, já que um disco de vinil com canções de fitas caseiras começou a circular confidencialmente entre editores e possíveis artistas de covers. Esse vinil rendeu sucessos para o The Byrds com "You Ain't Goin' Nowhere"; para Manfred Mann, com "The Mighty Quinn"; e muitas versões de "I Shall Be Released" — e uma com que Hendrix deve ter se divertido, "This Wheel is On Fire".

---

[44] A versão de Jimi para "Rolling Stone" é fácil de encontrar, mas é superada pelo desempenho na fita do Flamingo (4 de fevereiro de 1967). Apesar de ser uma gravação de baixa qualidade, é de longe a melhor e a mais sensível que já ouvi. A versão de estúdio de "Crawl" pode ser encontrada entre as sessões da rádio da BBC.

Jimi certamente ouviu o vinil com as músicas caseiras, mas algo na simplicidade severa do álbum oficial deve tê-lo atraído mais. *John Wesley Harding* foi uma resposta calculada para o que Dylan via como os excessos de *Sergeant Pepper* e seus derivados, um retorno consciente às formas mais simples de fazer arranjos e de gravar. As 12 canções, gravadas em apenas três sessões, exibem bateria (muito leve) e baixo, que acompanham o violão de Dylan, berimbau de boca e voz. O espírito que guia o disco é claramente o de Hank Williams (muito embora as gravações de Williams, feitas logo antes e logo depois de 1950, muitas vezes empreguem arranjos mais complicados e instrumentação mais ampla). Adaptar uma dessas canções acústicas minimalistas ao estilo de Hendrix era um salto estilístico muito maior do que refazer uma das gravações de Dylan que já contavam com instrumentos elétricos, como "Like a Rolling Stone", mas também apresentava a Hendrix um escopo muito maior de interpretações possíveis. Comparadas aos covers prévios de Dylan, esse seria uma tela em branco. Então qual canção ele adaptaria?

A primeira escolha de Hendrix foi "I Dreamed I Saw St. Augustine", uma candidata improvável, uma vez que era uma balada cadenciada, em tempo de valsa, escrita sobre a melodia de "Joe Hill". (Como teria soado? A não ser que ele mudasse a indicação de compasso de $3/4$ para $4/4$, é difícil imaginar o resultado. "Manic Depression", com sua sensação de $6/8$, é a única faixa de Hendrix a pelo menos se assemelhar a uma valsa de jazz.)

Uma outra possibilidade era "The Drifters Escape", uma canção que Hendrix de fato chegou a gravar, mas não lançou em vida. Uma letra magnífica, idealmente adequada à sua estranheza e deslocamento, é um drama de tribunal que quase poderia ser o depoimento de um "Hey Joe" mais introspectivo, um Joe que nem mesmo tem certeza sobre qual acusação pesa contra ele. "Você não consegue entender", diz o juiz, "então para que tentar?".

A canção se desenvolve sobre um único acorde, com a mesma melodia empregada para cada estrofe, de modo que toda a ênfase recai sobre a letra, em vez de recair sobre a música ou as mudanças. Não é uma peça fácil de transformar em um single comercial. As escolhas de Jimi eram reescrever a melodia ou enfatizar o som do monocórdio adicionando drones (que foi o que ele acabou fazendo).

Enquanto Jimi se preocupava se "I Dreamed I Saw St. Augustine" não seria uma afirmação pessoal demais de Dylan para que ele se apropriasse — como "entrar na alma de outra pessoa", para citar Dylan —, Kathy Etchingham sugeriu "All Along the Watchtower". Boa escolha! Assim como "The Drifters Escape" (e, de fato, como "St. Augustine"), "Watchtower" articula um senso de desconexão e de desconforto espiritual. As personagens dessas canções estão evidentemente bastante angustiadas, e no entanto, quando falam, suas palavras parecem ter pouca ligação com os eventos — os pensamentos do vagabundo são oblíquos e tão arbitrários quanto as imagens aparentemente aleatórias que surgem no desenrolar de "Watchtower". "O poder dramático vem igualmente do que permanece não dito", para citar a criança culpada em "Frankie Lee". "Nada é revelado."

Apesar de Hendrix raramente se aventurar nesse tipo de linguagem (preferindo que a guitarra falasse por ele), acredito que era essa sensibilidade aguçada de Dylan que lhe tocava de forma tão poderosa. E certamente sua interpretação de "Watch--tower" falava de volta a Dylan com igual poder. Dado esse grau de mutualidade, temos sorte de os dois nunca terem gravado juntos formalmente. No papel, esses poderes combinados parecem irresistíveis, no entanto os resultados reais — especialmente no caso de artistas com temperamentos tão singulares — quase nunca satisfazem. Diante de duas leituras tão distintas e competentes de "Watchtower", seria um descaramento imaginar que uma terceira pudesse revelar mais alguma coisa.

Dylan já falou mais de uma vez sobre seu amor pelo arranjo de Hendrix, sua sensação de que essa é a versão definitiva, e de sua pena por ele não mais estar por aqui para fazer covers de suas novas canções. Conseguimos um *insight* particularmente sincero dos pensamentos de Dylan a partir de um texto que ele escreveu por ocasião de um tributo a Hendrix. Os organizadores procuraram o escritório de Dylan na esperança de conseguirem umas seis ou sete palavras amáveis, e em vez disso receberam um trecho longo, em caixa-baixa, excentricamente pontuado — um exemplo clássico de *beat typing* de Dylan:

> É sempre bom quando um outro intérprete pega uma de suas canções e a refaz. Minhas músicas não foram escritas com a ideia de que mais alguém iria cantá-las. Foram escritas para eu mesmo tocar ao vivo, e é isso.

Hendrix tocou em locais do Village como o Cafe Wha? nos dias antes de Dylan entrar em reclusão. Embora fosse uma estrela em rápida ascensão na Europa e nos Estados Unidos, no final de 1965, Dylan ainda era muito importante nos círculos de música folk e folk-rock de Greenwich Village, e frequentava regularmente os clubes; por isso não é de estranhar que tenha visto Hendrix tocar. E, como mostram os álbuns de Dylan da época, ele tinha um bom faro para guitarristas:

Eu conheci Jimi pouco antes de ele se tornar uma grande estrela. Não o vi muito depois disso... Quando eu ouvi Jimi pela primeira vez, ele era basicamente um músico de blues, mas ao contrário de todo o resto, fora o pessoal da velha guarda, ele era jovem e era bom pra caramba.

Além de seu óbvio talento de compositor, Dylan, como cantor, é um intérprete excepcional do material de outras pessoas. A partir dessas duas perspectivas, ele dá uma descrição sucinta da psicologia de interpretar uma canção, e deixa clara a distinção entre uma versão cover superficial e uma que assume vida própria, uma oposição que ele define como "tagarelice" *versus* "compreensão". (Dylan tem uma definição espetacularmente ácida para a primeira "interpretação sem coração" de um artista "que fica matando tempo e ocupando espaço".)

> Não se pode esperar que um intérprete mergulhe na música... É como entrar na alma de outra pessoa. A maioria das pessoas tem problemas suficientes para entrar em suas próprias almas... É claro que existem diferentes graus... Não é lá grande coisa mergulhar em uma música de Chuck Berry. Está praticamente tudo na superfície. Você só tem que aprender mais ou menos os riffs, pronunciar as palavras e elas saem sozinhas... Minhas músicas são diferentes... porque de alguma forma você precisa entrar nelas... e às vezes é difícil até para mim conseguir isso. [Jimi] cantou-as exatamente da maneira como tinham que ser cantadas... Ele fez do jeito que eu teria feito, se fosse ele.

Uma homenagem e tanto! Kathy Etchingham fala da "admiração absoluta" que Jimi nutria por Dylan e é bom ver tais sentimentos retribuídos. Dylan, geralmente econômico ao elogiar artistas vivos, parece ter mais facilidade em tecer elogios efusivos no tempo passado. (Dito isso, os sentimentos expressos aqui são elegíacos por natureza; é difícil imaginá-los ocorrendo em uma conversa entre Dylan e Jimi.) De seu encontro casual depois do sucesso de Jimi — Dylan em uma bicicleta, Jimi escarrapachado no banco de trás de uma limusine, sem muita troca de palavras — e a partir de minhas próprias observações de pessoas que tentaram arranjar reuniões entre Dylan e outros artistas, eu suspeito que qualquer encontro além desse poderia muito bem ter sido um impasse nervoso, com alguns resmungos e muito constrangimento. No papel, a história é bem diferente. Dylan diz:

> Como compositor, é sempre uma sensação de humildade saber que outros músicos gostam de suas coisas, especialmente se você de fato os respeita. O público e os críticos oferecem um feedback importante, mas não há nada como um outro músico fazer o que você está fazendo, para você saber se está fazendo do jeito certo ou não... e talvez realmente valha a pena todo o tempo e esforço. Em todos os meus anos de estrada, ainda significa mais para mim o que outros músicos e cantores pensam e sentem sobre o meu trabalho do que qualquer outra opinião. Jimi era um grande artista. Eu gostaria que ele estivesse vivo, mas ele foi sugado para baixo, e isso tem sido a ruína de muitos de nós. Sinto que ele tenha tido seu tempo e seu lugar, e acabou pagando um preço que não deveria ter pago. Eu não me surpreendo que ele tenha gravado minhas canções, mas sim que ele tenha gravado tão poucas, porque elas eram todas dele.

Em "Watchtower", Jimi escolheu uma canção cuja letra é relativamente aberta, pelo menos pelos padrões austeros de

John Wesley Harding. "Watchtower" foi a escolha mais feliz também em termos harmônicos — sua sequência de acordes descendentes é muito mais adequada para uma execução tanto melódica quanto dramática de guitarra do que qualquer das outras canções que foram consideradas. Hendrix manteve a tonalidade original (embora sua afinação mais baixa faça com que o Dó sustenido soe ligeiramente mais grave) e preservou a sequência de acordes de Dylan — Dó sustenido menor para Si, para Lá —, alterando-a apenas uma vez quando o acorde de Lá, que é tocado enquanto Jimi canta a palavra *joke* [brincadeira], é substituído pela relativa menor, Fá sustenido.

A famosa e familiar frase de abertura da guitarra de Hendrix demonstra de cara a adequação melódica da sequência de acordes de Dylan. Após nove segundos estabelecendo a progressão básica, a guitarra elétrica entra com o que se tornou uma das frases introdutórias mais memoráveis do rock. Riffs são facilmente lembrados, porque se repetem; frases memoráveis são mais difíceis de encontrar. A mesma atenção aos detalhes fica evidente quando se chega ao solo principal de guitarra — o que faz todo o sentido: Hendrix com certeza sabia que nunca poderia superar Dylan como compositor ou cantor, portanto, sua expressão teria que vir de seu maior trunfo, a guitarra.

Um breve trecho de guitarra separa a segunda e a terceira estrofe (00'52"), mais uma ponte do que um solo. É convencional, e não há nenhuma frase que seja suficientemente notável para rivalizar com o gancho da abertura, mas em 1'43" aparece o solo propriamente dito. Com duração de pouco mais de um minuto, ele é dividido em quatro partes distintas, cada uma com sua cor própria e construída em torno de uma ideia melódica diferente. Apesar de sua beleza como uma peça para guitarra, é também uma lição prática sobre como estruturar um compacto, um belo exemplo do *êthos* de produção de Keith Richards para discos de 45rpm: "Coloque algo novo a cada dez segundos."

A primeira parte do solo (1'45"- 1'59") apresenta uma guitarra com o som bastante limpo gradualmente passando do registro médio para o agudo, e termina brincando com a mesma nota (uma nona), que faz com que o gancho de introdução seja tão especial.

A segunda parte (2'00"- 2'14") é arranjada como um dueto entre a guitarra slide e o baixo (também tocado por Hendrix). O som da guitarra é muito diferente do que na primeira parte — suave, com execução mais *legato*, o que soa como se pelo menos dois tipos de eco estivessem sendo usados para chamar atenção sobre as notas longas, criando algo como a cauda de um cometa atrás da nota principal. O baixo, que até aqui vagava a esmo, no melhor estilo Jamie Jamerson — a antítese da execução de Noel Redding —, agora segue um único padrão repetido. Tônica, quinta, oitava (do-do-do, do-do-do, do-do-do, *espaço vazio*), criando lugar para que a guitarra slide possa deslizar à vontade.

O fato de Hendrix ter tocado essa parte do solo com um isqueiro abre a possibilidade de que essa tenha sido uma criação espontânea do momento. Se estivesse *planejando* um solo de garrafa,[45] ele provavelmente teria trazido a garrafa (eu sei por experiência própria que, em estúdio, as ideias para solos mais efetivas frequentemente surgem do nada, sem planejamento). É difícil ter certeza com Hendrix. Por um lado, as demos para uma música como "1983" indicam considerável planejamento prévio;

---

[45] Slide guitar ou bottleneck guitar, no original, é uma técnica de guitarra, onde, em vez de usar os dedos para tocar as cordas, um objeto (com a forma de um gargalo de garrafa) é encostado suavemente nas cordas.

por outro — e especialmente quando diz respeito a um solo —, um músico que improvisava tão bem quanto Hendrix conseguiria ter uma ideia como essa tão facilmente quanto tiraria o isqueiro do bolso. Tudo o que se pode dizer com alguma certeza é que através das suas muitas encarnações, "Watchtower" sempre teve 32 compassos reservados para um solo.

A terceira parte, a parte do wah-wah (2'16''-2'32''), é introduzida por um grito de "hey", um comentário bastante contido. O grande Albert King, por exemplo (um dos dois guitarristas de blues favoritos de Jimi, ao lado de Buddy Guy), gostava de inserir comentários falados entre as notas. King gostava de vocalizar seus solos com breves explosões em staccato, frases percussivas de duas ou três pulsações, com sussurros de fragmentos da letra ou de coisas aleatórias — "É isso aí. Oh, agora saca essa!", etc. —, e algumas vezes simplesmente ganindo.[46]

A parte do wah-wah é a que chega mais perto de empregar quiálteras convencionais (do tipo de estilo muito usado pelos seguidores de Clapton, que às vezes são chamadas de *widdling*[47]), mas, mesmo quando faz isso, Jimi escolhe grupos improváveis de notas com as quais fazer esse efeito, e, formalmente, o fraseado faz sentido em seu contraste com as outras partes do solo. Um pequeno delay acrescentado durante a mixagem faz com que as notas se misturem umas às outras.

Para a quarta parte (2'33''-2'49''), Hendrix seleciona frases que fazem sombra à progressão de acordes, quebrando-as com

---

[46] Eu indico ao leitor "Crosscut Saw" ou "Oh Pretty Woman", do álbum de 1967 que King gravou na Stax com Booker T & The MGs (lançado sob inúmeros nomes, incluindo "Laundromat Blues" e "Born Under a Bad Sign").

[47] *Widdling* significa fazer riffs muito rápido, geralmente em notas agudas. [N.T.]

sua técnica de arranhar as cordas mortas, antes de usar dobras em uníssono para tocar uma passagem final ascendente. Essa última frase parece estar se dirigindo para uma resolução natural na oitava, mas na verdade ela para antes de atingir seu alvo óbvio: a nota final fica, portanto, mais implícita do que dita.

A técnica do uníssono é uma maneira de articular as notas para fazer com que elas soem mais enfáticas. Em vez de tocar uma única nota em uma única corda (o método normal), toca-se a nota — usualmente na primeira ou segunda corda — ao mesmo tempo dobrando-a na corda imediatamente abaixo. A nota ganha "corpo" ao ser simultaneamente tocada por duas cordas; mas ainda tem mais. Uma vez que a nota na corda mais baixa é tocada ao entortar aquela corda para cima, sua afinação é aproximada à da nota da corda acima. Assim, as duas notas estão quase em uníssono. Quando duas notas estão afinadas tão perto uma da outra, entra em jogo uma espécie de efeito psicoacústico — uma pulsação ocorre nos lugares em que as notas não combinam exatamente, que o ouvido ouve como uma espécie de som de água fervendo. É o equivalente em termos visuais a duplicar uma imagem e depois mexer em uma delas — os contornos ficam fora de foco. Um bom instrumentista pode controlar o grau no qual a nota ferve ao manipular quanto a segunda corda se afasta do uníssono com a primeira. Nesse caso, Hendrix mantém tudo bastante controlado: ela borbulha mas nunca chega a ferver.

A qualidade principal desse solo é a contenção. Ficamos tão acostumados aos solos com a guitarra dando tudo de si, "largada" (e tão condicionados à imagem de "homem selvagem"), que são necessárias algumas ouvidas cuidadosas para apreciarmos como Hendrix toca bem. Ele consegue esse efeito sem jamais exagerar na dose.

Os takes iniciais de "Watchtower" no Olympic apresentam dois amigos de Jimi: Brian Jones toca uma parte de piano bastante dura que foi sabiamente omitida da mixagem e Dave Mason toca violão (aparentemente Noel Redding estava em um pub do outro lado da estrada curtindo uma fossa). Quatro meses mais tarde, na Record Plant, a fita de quatro canais do Olympic foi transferida para 12 canais e o baixo foi substituído por Jimi, com a parte que se pode ouvir na versão que foi lançada. Hendrix era um excelente baixista — o que não se pode dizer de todos os excelentes guitarristas, que frequentemente se excedem quando pegam um baixo —, e é evidente que ele vinha ouvindo Jamie Jamerson nos discos contemporâneos da Tamla: linhas de baixo longas e fluidas, com semicolcheias sincopadas, brincando em torno da melodia em vez de simplesmente seguir os acordes.

Com uma fita master que englobava tantas sessões diferentes, Hendrix apagava as faixas que não queria e as usava para adicionar novas partes em overdub, especialmente guitarras e baixos. Ele constantemente ouvia fraseados ligeiramente diferentes que queria incorporar: "Eu acho que ouço isso de uma maneira um pouco diferente." Eddie Kramer se lembra de Hendrix vindo do aquário de gravação, enfiando a cabeça pela porta da sala de controle e perguntando: "Está bom o suficiente?" Krammer respondia que estava perfeito, mas Hendrix dizia: "Você tem certeza? Acho melhor fazer mais uma." E cada take ficava melhor que o anterior! No final, Kramer acabava com sete ótimas partes de guitarra e seis boas partes vocais para escolher: "Era muito difícil escolher para aquele cara." De acordo com os que ouviram essa fita master recentemente, existem dois ou três solos alternativos de guitarra, todos tão interessantes quanto aquele que acabou sendo escolhido.

"Voodoo Child (Slight Return)"

Para fechar o álbum, temos uma reprise acelerada da faixa quatro. Se você tem dois bons arranjos para uma música e não consegue escolher um, por que não usar os dois? "Voodoo Chile" e "Voodoo Child" foram gravadas imediatamente uma depois da outra, respectivamente nos dias 2 e 3 de maio.

A faixa abre com as cordas arranhadas e abafadas de Hendrix através de um pedal wah-wah, usado aqui não apenas para vocalizar sons, mas também para enfatizar o ritmo. O simples arranhar das cordas abafadas produz uma diferença entre as cordas mais graves e as cordas mais agudas: o pedal wah-wah é usado para aumentar essa diferença.

Depois de estabelecer o ritmo, Jimi delineia uma melodia — duas vezes sozinho, depois mais duas vezes com Mitch enfatizando as pulsações fortes no bumbo e as viradas com um movimento de abrir e fechar dos pratos. Esse é o som ao vivo do The Experience, não há quase nada de overdubbing aqui. Tudo o que se ouve é percussão adicional — as maracas começam (em 0'31'') logo antes da entrada da banda completa.

Quase na marca dos quatro minutos, Jimi troca da parte principal para os acordes e toca o que se tornou conhecido como "acorde Hendrix" — Mi com sétima e nona aumentada (ou E7#9). Esse é um dos acordes favoritos de Jimi, como aliás deveria ser, já que em essência é a escala de blues completa condensada em um único acorde. Não dá para tocar a escala maior completa como um acorde porque ela tem notas demais (sete), mas a escala de blues é pentatônica (ou seja, tem cinco notas) e pode facilmente ser representada como um acorde. Jimi usou esse acorde em muitas músicas. "Purple Haze" é construída em torno do acorde de Mi com sétima e nona aumentada, que também está presente ao longo de toda a "Foxy Lady".

"Voodoo Child (Slight Return)" está construída em um acorde de Mi com pedal, mudando só para o breve coro que vai de Dó a Ré e de volta para a tônica Mi. Aquele Mi com pedal é o único lugar em que se poderia esperar encontrar um acorde de Mi com sétima e nona aumentada, mas à medida que a música evoluía no palco (como costuma acontecer com canções depois de terem sido gravadas), Jimi começou a tocar tanto o acorde de Dó quanto o acorde de Ré (que no disco são simples acordes em tríades) com Dó com sétima e nona aumentada e Ré com sétima e nona aumentada. Dá para ouvir isso na versão de "Voodoo Child" da famosa participação no Lulu Show, um show de TV ao vivo no qual ele também tocou "Hey Joe", emendou em um tributo ao Queen e ultrapassou o tempo que lhe era destinado, fazendo os produtores terem uma crise de pânico.

"Child" levou mais tempo para ser aperfeiçoada do que "Chile", consumindo um total de vinte takes, incluindo versões incompletas e com interrupções.[48] Os takes eram interrompidos por causa da afinação suspeita com a corda Mi grave de Jimi persistentemente se soltando e ficando mais grave (assim como aconteceu no The Lulu Show, quando ele faz uma careta expressiva e reafina a guitarra enquanto canta). O andamento também é um problema, e o oitavo take colapsa em uma dissonância espetacular quando Jimi de repente erra o traste e toca um semitom acima do que deveria.

---

[48] Ignore a "informação" a respeito dos "13 takes" no encarte de *Electric Ladyland*: a fita está tocando bem aqui na minha frente enquanto escrevo.

O take três se estende por quatro minutos e tem um solo selvagem e quase atonal. No take cinco, na introdução, Jimi experimenta um fraseado em estilo gospel, no formato de perguntas e respostas, em oitavas alternadamente graves e agudas. Apesar de haver uma evolução durante a faixa, e de a parte vocal melhorar de maneira bastante perceptível, é realmente a guitarra da abertura que chega mais longe. Nos takes iniciais ela é fraseada de maneira bastante seca (sem wah-wah) e não tem muita fluência. Lá pelo take nove, ela vai tomando forma, e quando o pedal wah-wah aparece no take 11 dá para sentir a introdução entrando em foco.

À medida que os músicos vão ficando cansados, a concentração começa a ir para o espaço, junto com o *timing* da música. Jimi para o take 18 dizendo "Tá ficando rápido demais... ficando rápido demais... estamos ficando cada vez mais rápidos..." e o take 19 com "Ei! Prestem atenção no andamento!". E quando começamos a aceitar que aquilo poderia levar muito tempo, outro take começa, mais ou menos como os outros, e aí aparecem as maracas. E subitamente fica claro: é *esse*.

O take final, número vinte, é o que aparece no álbum.

6. Críticas

Electric Ladyland não foi recebido com críticas entusiasmadas em nenhum dos lados do Atlântico. Assim como a obra-prima dos Stones, *Exile on Mainstreet*, *Electric Ladyland* parecia intrigar os jornalistas. Elogios cautelosos para algumas das faixas eram compensados com reclamações sobre a densidade do som e a ausência de estrutura geral. Palavras como "caótico" e "incompreensível" foram usadas com frequência, e partes de ambos os discos foram menosprezadas como sendo pouco mais do que jams montadas descuidadamente. Em ambos os casos levou muitos anos para que a opinião da crítica alcançasse a visão das ruas. Hoje os dois álbuns são reconhecidos como os pontos altos das carreiras dos respectivos criadores.

No Reino Unido, a *Melody Maker* chamou o compacto "All Along the Watchtower" de obra-prima, mas considerou o álbum "equivocado e confuso". A *Rolling Stone* deu ao álbum a crítica principal — na frente do *Ogdens Nut Gone Flake*, do Small Faces, e do ataque de Greil Marcus à Decca e em favor do *Magic Bus* do The Who, mas expressou sentimentos ambíguos.

O crítico da *Rolling Stone*, Tony Glover, abordou o álbum a partir de uma perspectiva negativa. Suficientemente honesto para começar o artigo declarando seu preconceito, ele escreveu que estava predisposto "a não curtir o álbum, mas acabou não tendo escolha". Em uma crítica ao heavy metal precoce e um tanto fora de contexto, ele se opõe à música de Hendrix como um gênero — cuja filosofia ele caracteriza como "eu não gosto do mundo, mas se eu tocar forte o suficiente, quem sabe eu posso abafá-lo". (Se era assim que o pobre homem se sentia em relação ao funk gracioso e sinuoso de Jimi, ele deve ter sido levado ao desespero quando o trash pesado do Grand Funk Railroad e as legiões de cópias do Led Zeppelin começaram a aparecer.)

As reações da *Melody Maker* e da *Rolling Stone* são interessantes, não porque estivessem defasadas com a opinião então corrente, mas porque estavam perfeitamente afinadas com a resposta inicial de muitas pessoas a *Electric Ladyland*. Pelo que me lembro, o disco foi adorado imediatamente por músicos de todas as idades e pelos fãs mais jovens de Hendrix, mas o pessoal da indústria musical e a maioria dos jornalistas pareciam indiferentes. De fato, se você abrir qualquer *Melody Maker* de 1968 a esmo, vai chegar à conclusão de que The Tremeloes e Mary Hopkin foram as grandes novidades daquele ano.

Tony Glover achou que a canção "Little Miss Strange", de Noel Redding, era uma das faixas mais comerciais e acessíveis do álbum. Essa era precisamente a reação que Chas Chandler temia — que as pessoas tivessem dificuldade em penetrar num álbum tão denso como *Electric Ladyland*, ainda mais vindo depois dos primeiros álbuns comerciais e acessíveis do Experience. Ele tinha certa razão, mas a longo prazo nem tanto.

Glover chamou "Voodoo Chile" de Winwood e Casady de o "tipo de jam que se ouve em qualquer clube". De "1983" e "A Merman I Should Turn To Be" ele reclama que Hendrix "constrói um lindo clima de fundo do mar apenas para destruí-lo com uma guitarra pesadona". Mais uma vez estremecemos pela sensibilidade do coitado, sabendo que pesado mesmo é o que viria logo depois.

Seja como for, "pesado" é a palavra errada para descrever Jimi, cuja música era marcada a cada momento por uma leveza de toque, uma agilidade, um espírito mesmo, que os reais representantes do heavy metal jamais conseguiriam imitar. O caráter definidor de sua execução é exatamente o oposto: é leveza.

As demos caseiras de músicas de *Electric Ladyland* mostram que Jimi não estava só fazendo uma jam. "Long Hot Summer Night", "1983", "Moon Turn the Tides", "Gypsy Eyes" e "Voodoo Chile" foram todas esboçadas — letra, melodia, arranjos, até mesmo algumas partes de guitarra — nas formas em que aparecem no disco.

O que é impressionante é a presença de muitos dos sons impressionistas de guitarra no álbum, ainda que Hendrix esteja tocando suavemente através de um pequeno amplificador caseiro sem qualquer efeito ou qualquer tipo de ganho elevado.

Assim como aconteceu com *Exile on Main Street*, muitas publicações reviram sua opinião ao longo dos anos e divulgaram críticas favoráveis. Posteriormente, a *Rolling Stone* chamou *Ladyland* de um dos álbuns do ano. A crítica em geral acabou aclamando o disco e agora compartilha o ponto de vista com aqueles que adoraram o álbum desde a primeira audição. *Electric Ladyland* é considerado um dos maiores discos duplos da história do rock.

7. Consequências

Se tivesse sobrevivido, será que Hendrix teria superado *Electric Ladyland*? É possível, claro. *Cry of Love*, o álbum que se seguiu (estou ignorando o *Band of Gypsys* ao vivo), foi montado por Eddie Krammer e por um Mitch Mitchell em choque, imediatamente após a morte de Jimi. Recentemente foi relançado, num formato mais próximo do que Jimi planejara, como *First Rays of the New Rising Sun*. Algumas faixas são lindas, mas não há lá nenhuma grande novidade.

Para onde Jimi teria ido? Alguns acham que seus breves encontros com Miles Davis indicam a direção mais provável que sua música teria tomado, mas eu duvido. De acordo com Mitch, as reuniões entre eles nunca levaram a qualquer sessão musical e eu não acho que a fusão híbrida jazz-rock pudesse ter qualquer apelo duradouro para Jimi. A ideia de uma parceria com Miles agrada aos fãs pela mesma razão que agradava a Jimi: Miles era um elo vivo com Charlie Parker, e trabalhar com ele seria, de uma forma muito literal, marcar o lugar de Jimi na tradição. Músicos autodidatas que não leem partituras muitas vezes têm um respeito exagerado por aqueles que podem anotar suas ideias no papel, e Jimi levava sua música a sério, e, por vezes, buscava trabalhar em um ambiente musical mais "respeitável". Mas, como mostra *The Gil Evans Orchestra Plays the*

Music of Jimi Hendrix, aquele ambiente podia até usar a música de Jimi, mas não deixava muito espaço para que o próprio Jimi pudesse se desenvolver.

Toda essa ideia se baseia em uma premissa falsa, ou seja, a de que um Hendrix "educado" teria sido melhor do que um Hendrix "cru". É um exemplo mais direto da nossa vontade de "legitimação" — a mesma que nos faz associar Dylan a Keats. Jimi era um músico nato — metade *bluesman*, metade astro pop. Interferir nesse equilíbrio estranho nunca iria lhe fazer explorar novos rumos. De qualquer forma, depois de Jimi ter saído algumas vezes com a jovem esposa de Miles, Betty, não houve mais muito entusiasmo pelo projeto da parte de Miles.

Alguns saudaram John MacLaughlin, o guitarrista de Miles da época de *In a Silent Way* e *Bitches Brew*, como "sucessor" natural de Jimi (uma alegação idiota, basta pensar sobre isso por um segundo). Um músico "educado", que sabia ler música, um jazzista com uma velocidade ofuscante e técnica formidável, MacLaughlin era um intérprete discreto que tinha pouco em comum com Jimi, além do fato de ambos tocarem guitarra. Como ele mesmo disse:

> Jimi era um guitarrista maravilhoso. Ele não teve muita educação formal; ele tinha conhecimento limitado, no que tange à harmonia musical. Mas ele tinha tanta imaginação que compensava isso. Ele não era pretensioso nem nada. Era apenas um guitarrista, isso é tudo o que ele sempre quis ser. Quero dizer, ele viajava, sabe, mas todos nós viajávamos do nosso próprio jeito. Mas ainda assim ele continuava no blues.

Se desconsiderarmos o jazz e toda essa história sobre Jimi ter que "crescer" para ser "levado a sério" (por quem?), só podemos contar com especulação.

Jimi morreu no início de um período que foi estranho para músicos da sua geração e para a cultura em torno deles. A música popular acabou caindo em águas paradas na primeira metade dos anos 1970, uma vez que a cena cultural que havia a seu redor, e que a tinha nutrido tão bem nos anos 1960, havia evaporado. Muitos dos melhores compositores e bandas dos anos 1960 (olhe para The Kinks) perderam o rumo completamente.

Talvez Jimi pudesse ter superado seus múltiplos problemas administrativos, se reagrupado, entrado em um estado de espírito melhor e emergido alguns anos depois em uma era em que as novas músicas e ideias (firmemente baseadas nas habilidades que todos nós reconhecemos como sendo sua essência) produziriam grandes álbuns novos. O modelo óbvio aqui é Dylan — será que Jimi poderia ter criado seu próprio *Blood On The Tracks*?

Existe outra possibilidade a considerar, embora seja raro que os críticos a mencionem. Eu a ouvi na maioria das vezes de pessoas que realmente conheceram Hendrix no último ano de sua vida. Elas sugerem que Jimi havia feito o seu melhor trabalho, esgotado a fórmula e chegado a um impasse criativo. Em entrevistas do período final de sua vida ele certamente parecia deprimido, carente de rumo (mais uma vez, isso é confirmado por pessoas que se encontraram com ele em seus últimos dias, em Londres). Dá para entender por que os críticos não iriam querer ser vistos dando voz a uma opinião tão negativa, mas eu acho que é uma ideia que deve ser considerada. Mais importante, deve-se reconhecer que, em sua breve existência, Hendrix deixou um legado completo. Ele disse o que tinha a dizer da forma que desejou e inventou uma forma específica de se expressar, que continua tão única quanto era na sua época. Ele surgiu no meio musical com um álbum de estreia perfeitamente realizado, algo que pouquíssimos artistas conseguem. Mesmo agora, em uma época diferente, ele ainda é o guitarrista mais influente, sem paralelos. Não existe a sensação de que, se ele tivesse tido um pouco mais de tempo, teria aperfeiçoado sua arte. A maior parte de sua obra parece estar além de qualquer evolução. Como intérprete, como artista, é difícil imaginar como ele poderia ter sido melhor — sobre isso, só nos resta tirar nossas próprias conclusões.

Obras de referência

Em sua maior parte, este livro é baseado nas minhas próprias memórias e em conversas com vários músicos e amigos de Jimi: Jack Bruce, Steve Cropper, Kathy Etchingham, Jerry Garcia, Robert Hunter, Roger Mayer, Mitch Mitchell, Carol Price, entre outros.

Quando foi necessário verificar informações cronológicas e discográficas, consultei primeiro as partes relevantes do excelente livro de Harry Shapiro, *Electric Gypsy* — em minha opinião, a melhor biografia de Hendrix.

O livro de Kathy Etchingham, *Through Gypsy Eyes*, é um belo antídoto, coberto de bom senso, para todos os disparates viajantes e toda a prosa embromativa que se acumularam em torno de Jimi. Isso também é verdade a respeito do livro de Keith Altham, *No More Mr. Nice Guy*.

Devo a Mick Farren por me permitir citar seu livro de memórias *Give the Anarchist a Cigarette*.

O documentário de TV de Roger Pomphrey, *At Last The Beginning-Electric Ladyland*, teria sido de valor inestimável se eu tivesse sido capaz de localizar o meu exemplar. Ainda assim, eu me lembrava de seu conteúdo, de maneira geral.

O filme de 1973 de Joe Boyd, *Hendrix*, parece datado (como é natural) e sua perspectiva sofre por ter sido feito tão imediatamente após sua morte. Ainda assim, vale a pena dar uma olhada.

O filme de Murray Lerner de 1970, do show de Isle of Wight, confirma muitas das minhas memórias, embora a terrível e perturbadora sensação premonitória não apareça no filme nem de perto de forma tão poderosa como apareceu naquela noite, no campo.

Monterey Pop é uma obra essencial, já que é a filmagem de Jimi tocando no show do Olympia, *Christmas on Earth* (22 de dezembro de 1967). Veja como ele imita uma banda inteira de gaitas de fole.

Jimi sempre foi a favor de deixar a fita rolar. Entre esses trechos, recomendo *The Alternate Electric Ladyland*.

Fora as duas faixas do show no Olympia Theatre Paris, em 18 de outubro de 1966 — para ajudar Johnny Halliday —, a mais antiga fita de que estou ciente, de um set completo do The Experience, foi gravada no Flamingo, em Londres, em 4 de fevereiro de 1967. Com uma qualidade melhor, há uma transmissão da NDR, rádio alemã de Hamburgo, que data de 18 de maio de 1967. Facilmente identificável por uma entrevista com Noel Redding falando alemão, essa fita é por vezes falsamente atribuída ao show no Star Club, de Hamburgo, em 17 de maio de 1967.

© Editora de Livros Cobogó

Organização da coleção
Frederico Coelho
Mauro Gaspar

Editora-chefe
Isabel Diegues

Editora
Mariah Schwartz

Coordenação editorial
Julia Barbosa

Coordenação de produção
Melina Bial

Tradução
Julia Rónai

Revisão de tradução
Vivian Mocellin

Revisão
Eduardo Carneiro

Projeto gráfico e diagramação
Mari Taboada

Capa
Radiográfico

CIP-BRASIL. CATALOGAÇÃO-NA-FONTE
SINDICATO NACIONAL DOS EDITORES DE LIVROS, RJ

Perry, John
P547e   Electric Ladyland / John Perry ; [organização Frederico Coelho, Mauro Gaspar] ; tradução Julia Rónai. - 1. ed. - Rio de Janeiro : Cobogó, 2015.
136 p. : il. (O livro do disco)

Tradução de: electric ladyland
ISBN 978-85-60965-93-9
1. Hendrix, Jimi, 1942-1970. 2. Músicos de rock - Estados Unidos - Biografia. 3. Rock - Estados Unidos - História. I. Título. II. Série.

15-26572   CDD: 927.8042
                                                        CDU: 929:78.067.26

Nesta edição foi respeitado o Acordo Ortográfico da Língua Portuguesa de 1990, que entrou em vigor no Brasil em 2009.

Todos os direitos em língua portuguesa reservados à
Editora de Livros Cobogó Ltda.
Rua Jardim Botânico, 635/406
Rio de Janeiro — RJ — 22470-050
www.cobogo.com.br

O LIVRO DO DISCO

Organização: Frederico Coelho | Mauro Gaspar

The Velvet Underground and Nico | *The Velvet Underground*
Joe Harvard

A tábua de esmeralda | *Jorge Ben*
Paulo da Costa e Silva

Estudando o samba | *Tom Zé*
Bernardo Oliveira

Endtroducing... | *DJ Shadow*
Eliot Wilder

LadoB LadoA | *O Rappa*
Frederico Coelho

Daydream Nation | *Sonic Youth*
Matthew Stearns

As quatro estações | *Legião Urbana*
Mariano Marovatto

Unknown Pleasures | *Joy Division*
Chris Ott

Songs in the Key of Life | *Stevie Wonder*
Zeth Lundy

Led Zeppelin IV | *Led Zeppelin*
Erik Davis

2015
───────────

1ª impressão

Este livro foi composto em Helvetica.
Impresso pela gráfica Stamppa,
sobre papel offset 75g/m².